Balzac chez lui
Souvenirs des Jardies

Léon Gozlan

© 2025, Léon Gozlan (domaine public)
Édition : BoD · Books on Demand, 31 avenue Saint-Rémy,
57600 Forbach, bod@bod.fr
Impression : Libri Plureos GmbH, Friedensallee 273,
22763 Hamburg (Allemagne)
ISBN : 978-2-3225-7264-9
Dépôt légal : Mai 2025

Les Allemands ont un mot composé qui rend mieux que le mot *Mémoires*, tout français mais un peu trop didactique et collet-monté, le caractère décousu des indiscrétions permises à l'égard d'un homme célèbre ; ce mot allemand est TISCHREDEN, littéralement : *propos de table*, c'est-à-dire conversations, le coude sur la nappe ; rires, la bouche pleine ; saillies accompagnant le bouchon de liège au plafond ; tendresses charmantes du vin, abandon adorable du cœur à la suite de l'estomac ; poésie de la digestion, discussions à couteaux émoussés ; et aussi, car l'expression tudesque est très-élastique, conversation sur toutes choses, depuis la chanson jusqu'au poëme, depuis le ciron jusqu'à Dieu : *tischreden* veut dire tout cela. Il mériterait d'être réuni à la langue française par quelque grande épée littéraire, par un de ces conquérants de la phrase, que je mets plus haut que les conquérants de royaumes.

Je disais dans l'avant-propos placé en tête de *Balzac en pantoufles* : « Sollicité par des amitiés communes à Balzac et à moi, pressé par une curiosité publique toute dévouée au grand peintre de mœurs, j'ai risqué ces premières pages sur quelques actes et sur quelques moments de sa vie, prêt à les faire suivre d'autres confidences, si j'ai su répondre à tant de désirs et justifier tant d'empressement. »

Plusieurs éditions de l'ouvrage où je me posais ces conditions s'étant écoulées, je me suis vu dans l'obligation de remplir mes engagements envers mes lecteurs et envers moi-même. Mais si, d'un côté, j'ai dû être fier de cette sommation silencieuse du public, demandant qu'on lui parle encore et toujours d'un écrivain qu'il aime, qu'il admire entre tous d'un autre côté, je me suis trouvé bien soucieux quand il m'a fallu passer de la promesse à l'exécution, et m'appuyer sur l'encouragement reçu pour m'élancer et plonger de nouveau au fond du passé. J'ai hésité. Que de fois un accueil bruyant de la part du public n'est chez lui qu'une manière honnête de se débarrasser de vous, de même qu'une trop fastueuse façon de recevoir les gens est souvent destinée à leur faire comprendre qu'ils ne doivent plus revenir.

Quoi qu'il en soit, ces révélations familières sont les dernières que nous publierons sur Balzac. Réunies plus tard aux précédentes, elles formeront un volume appelé peut-être, un jour, à accompagner ses œuvres, et notre travail aura alors un caractère d'utilité que l'avenir sera chargé de préciser dans la mesure plus ou moins indulgente de son estime.

Léon Gozlan.

BALZAC CHEZ LUI

PREMIÈRE PARTIE

Il ne faut rien revoir de ce qu'on a aimé. J'eus un jour la faiblesse de chercher témérairement à revoir les Jardies, où tant d'heures charmantes, ineffaçables, s'étaient écoulées pour moi sous le toit bâti par Balzac[1]. Je croyais que mes souvenirs avaient besoin de se retremper à leur source ; je me disais qu'ils exigeaient ce dernier pèlerinage dans l'intérêt de l'exactitude locale que tout lecteur biographique a le droit d'exiger de l'historien biographe, surtout de l'historien d'un homme lui-même si exceptionnellement exact dans ses mille peintures immortelles. Que ne m'étais-je pas dit pour m'imposer le voyage aux Jardies ? Eh bien ! j'avais tort d'être si pieux envers cette fidélité contre laquelle, jusqu'ici, personne ne s'est élevé, dont personne n'a douté, si ce n'est moi. À vrai dire aussi, je me mentais un peu dans cette occasion. J'avais plus besoin de voir pour mon désir personnel la propriété des jours heureux de Balzac, que pour rectifier à plusieurs années de distance les couleurs étendues sur la toile de ma mémoire.

Non ! il ne faut rien revoir de ce qu'on a aimé. Ni la mer natale où l'on s'est baigné autrefois ; ni la maison paternelle, au coin calme ou bruyant du carrefour ; ni la campagne, au pied de la colline, parcourue aux heures exaltées de la jeunesse ; ni les pays lointains visités avec enthousiasme à vingt ans. Tout cela ne sert qu'à mouiller les yeux, à serrer le cœur, à faire trembler les lèvres. À quoi bon ? Les objets revus ne sont plus les mêmes. Vous, non plus, vous n'êtes plus le même. Eux ne veulent pas vous reconnaître, et vous, vous les reconnaissez à peine. Vous avez beau leur dire, leur crier : C'est moi ; ils vous disent :

— Qui, vous ?

La tristesse d'Olympio, ce magnifique cri poussé par Hugo, qui osa revoir, lui aussi ; cette tristesse s'enfonça tout entière dans mon cœur et ne me quitta plus dès que j'eus posé le pied sur le seuil de la porte des Jardies. La porte était bien la même, mais vieille, vieille, fracassée, crevassée, peinte, repeinte, plusieurs fois repeinte. Les pilastres qui l'encadraient me montrèrent encore, sans doute, dans l'épaisseur de leurs pierres de taille, ces mots tracés en lettres noires : les Jardies. Mais le noir avait glissé à demi hors des lettres : inscription d'un tombeau oublié ; dans peu d'années, ce sillon noir aura entièrement coulé, me disais-je : les pluies d'hiver, de l'hiver prochain rendront ces lettres tout à fait blanches, et on ne lira plus rien dans la pierre, plus rien ! et ces lettres qui formaient ce mot dont Balzac était si fier : les Jardies ! auront disparu.

Je sonnai à cette porte, mais pas tout de suite, je mis quelques instants d'indécision réfléchie à lever le bras, à saisir l'anneau de fer ; j'allais entendre retentir un son dont je me souvenais tant ! Je sonne, cependant… Ah ! c'est le bruit d'autrefois ; je le reconnais ; mais il est enroué, éteint, paresseux ; nous étions plus vive jadis, ma gentille sonnette, quand nous sonnions pour les créanciers ; vous n'êtes plus qu'une sonnette riche.

Comme on me fit attendre pour m'ouvrir ! Si longtemps attendre, que je me surpris répétant machinalement la phrase sacramentelle qu'ils disaient aussi autrefois, ceux à qui l'on avait mille raisons pour ne pas ouvrir. *Ils sont donc tous morts là-dedans !*

C'est que je n'avais pas vu une seconde petite affreuse porte bâtarde ouverte plus bas dans le prolongement du mur. Elle n'existait pas de mon temps, j'allais dire sous Louis XIV. Le jardinier s'était donné une porte ! Il est vrai que la maison du jardinier était devenue une maison de maître. Malheur ! tout le monde s'était donc enrichi aux Jardies ? Jamais Balzac n'eût souffert cette porte bâtarde à côté de la double porte seigneuriale à doubles marteaux par où il entrait. Qu'aurait dit M. de Saint-Simon !

J'entrai toutefois, mais en soupirant, par cette porte plus que bourgeoise ; un valet de chambre, le tablier blanc noué autour des reins, était venu m'ouvrir. « Que demande monsieur ? Monsieur veut-il acheter ou louer la maison occupée autrefois par M. de Balzac ? » La double question m'avait foudroyé. Je n'avais rien préparé. Je venais, voilà tout. Pourtant, j'aurais dû prévoir, la propriété étant vendue ou louée, qu'il me serait demandé ce que j'y venais faire. L'embarras imprévu où je tombais était, à tout prendre, moins grand que si le pavillon n'eût été ni à louer ni à vendre. Je répondis au valet de chambre : « Je viens louer. » Entrez, alors, monsieur.

Un énorme chien grondait derrière la porte. Était-ce Turc ? Le Turc habitué à se taire devant le coup de sonnette suspect de créance ? « Quel âge a ce chien ? demandai-je vivement au valet de chambre. — Deux ans. Ce n'est pas mon Turc ! Il serait bien plus âgé ! » D'ailleurs, Turc n'avait jamais été aussi gras. Et le valet de chambre me regardait et se disait sans doute en lui-même : Quel est donc ce monsieur qui veut louer les Jardies et qui me parle de Turc ?

Douleur sur douleur. Voilà bien, me dis-je, le chalet dessiné, construit, tourmenté par Balzac, mais grand Dieu ! comme ils l'ont embelli, les profanateurs ! C'est plein d'escaliers ! Et nous en avions si peu, vous savez ! Ils ont même osé mettre dans la maison l'escalier qu'il avait suspendu au flanc du mur extérieur. Allez donc vous reconnaître dans une propriété où tout est maintenant en ordre !

Cependant je finis par me retrouver, une fois habitué aux désagréments de toutes ces restaurations. Je courus alors de pièce en pièce, de chambre en chambre, de porte secrète en porte secrète, guidant mon guide, renversé de surprise devant tant de connaissances locatives.

J'étais arrivé aux combles, là où de Balzac et moi montions souvent pour respirer à pleins poumons la campagne, les bois, l'horizon, la rivière et l'immensité, ascension que nous exécutions d'ordinaire quand Balzac, dans un accès de mauvaise humeur, m'avait dit : « Venez ! allons cracher sur Paris ! »

C'est à cette hauteur qu'une autre déception, non moins poignante, m'attendait.

Les Jardies, que j'avais laissées chauves, dénudées, n'offrant que les pauvres petits arbustes frileux et grelottants plantés par Balzac, sont masquées aujourd'hui par de véritables arbres, taillés en pyramides, ouverts en éventails, tranchant du cèdre ; fiers, élégants, vêtus à la dernière mode. Ici, de beaux tilleuls ; là, des vernis du Japon qui pourraient être reçus dans les plus beaux parcs ; là, des marronniers aussi gentlemen que ceux des Tuileries. Ah ! où êtes-vous donc, allées de bitume et d'asphalte dont j'ai parlé dans le livre, trop bien accueilli, qui a reçu mes premières confidences sur Balzac ? La bêche les a défoncées, le gazon a couvert les endroits où avait coulé l'asphalte, et un art intelligent a soulevé ces terrains désordonnés qui se précipitaient jadis vers la route de Sèvres, et les a presque mis de niveau : ce n'est pas que la pente ait tout à fait disparu. Un tel miracle était impossible. Mais, coupé en ceinture par le milieu, le terrain des Jardies semble incliner beaucoup moins. C'est mieux sans doute. Je ne me consolerai pas cependant de la perte de ces arbres, dont le plus haut ne parvenait jamais, du temps de Balzac, à cacher le dos tacheté de Turc poursuivant à cœur joie une poule. « Que mes arbres sont déjà beaux ! disait Balzac : ils m'empêchent de voir Turc. » Illusion de propriétaire ! Enfin, où j'avais laissé un champ d'asperges, je retrouvais un parc.

Décidément les Jardies n'existent plus que dans le mirage rose du passé.

Même les arbres qui vous laissent en arrière ! Je n'ai pas voulu me reposer un seul instant dans ce parc, m'arrêter sous leur ombrage insultant de beauté. Ce mot *ombrage* me rappelle ce que dit à Jules Janin le jardinier des Jardies le jour où notre célèbre critique alla incognito les visiter : « Mais oui, mais oui, monsieur, M. de Balzac a du bien *au soleil.* »

Il ne disait que trop vrai, le malheureux ! tout était au soleil aux Jardies.

Une espèce de brume mélancolique commençait à me voiler les yeux et l'âme au sommet de ce pavillon d'où je promenais ma vue sur tant et tant de déceptions. J'avais le vertige : je me sentis comme à pic sur les dunes du passé. Je me hâtai bien vite de descendre : c'est précisément en descendant que je remarquai ce que j'aurais pu, l'esprit moins agité, fort bien voir en montant, et cela m'eût ménagé, cela m'eût adouci l'amertume du tableau dont je venais d'attrister mes regards. Tout le pavillon des Jardies est meublé. Meublé ! J'y ai donc vu des tables, des armoires, des glaces, des pendules, des rideaux ! J'étouffai.

« Eh bien ! me dit le valet de chambre, que pensez-vous, monsieur, du logement ?

— Les Jardies ! Un logement ! — vous dites ?…

— S'il convient à monsieur de louer ce pavillon ?

— Moi, j'ai parlé de louer !... Ah ! oui, pardon ! quel est le prix ? »

Le valet de chambre n'était pas du tout satisfait de son visiteur si distrait.

« Deux mille francs, me répondit-il, pour le reste de la saison.

— Deux mille francs... c'est un peu cher.

— Mais non, monsieur, mais non ; l'eau est très-bonne ici.

— Oh ! si l'eau est très-bonne... Nous disons deux mille francs ?

— Nous disons deux mille francs, oui, monsieur. »

Nous l'avions déjà dit bien des fois. Pour sortir de ce cercle, je me souvins fort à propos de l'objection salutaire que j'emploie toutes les fois que je me laisse surprendre par le chiffre d'un loyer dont je n'ai pas su prévoir l'agression. Je l'employai : « Y a-t-il écurie ? »

Le valet de chambre me répondit :

« Non, monsieur, il n'y a pas écurie.

— Le marché est impossible alors.

— Mais... cependant...

— Non ! s'il n'y a pas écurie, c'est de toute impossibilité. »

S'il m'eût dit : Il y a écurie, j'aurais demandé pour combien de chevaux ; et s'il m'eût répondu : Pour deux, j'aurais dit : Il me la faut pour six.

Ma visite était finie.

Je quittai les Jardies, navré, noyé dans un abîme de tristesse et me disant que je n'y remettrais plus les pieds de ma vie.

Il me restait encore un quart d'heure à attendre le passage du convoi de Versailles pour Paris ; voici comment je l'employai : de l'intérieur même de la propriété, il m'avait été totalement impossible d'examiner dans quel état se trouvait, depuis plusieurs années que je l'avais perdu de vue, le fameux mur, ce mur, cauchemar des rêves agités de Balzac, ce mur si souvent renversé, si souvent rebâti. Un assez vaste circuit était à décrire en passant par la route même de Ville-d'Avray pour arriver sous ce mur à jamais historique. Malgré la chaleur, une chaleur d'orage fort pénible, je traçai ce détour peu pourvu d'ombre, et j'arrivai au mur. Nous nous reconnûmes, je crois ; car chaque pierre mise dans mon temps semblait me dire : « On nous croit bien solides, mais gare un de ces hivers !... » Et, en effet... mais je n'ai plus le droit de faire des réflexions sur le plus ou moins de fixité de tous ces grès, autrefois mes amis. Nous n'en rîmes pas moins avec discrétion jusqu'au moment où l'un d'eux, remuant dans son alvéole de plâtre, m'indiqua, par cette diversion, un écriteau que je n'avais pas aperçu. Je lus à travers un brouillard de larmes : *Les Jardies, ancienne propriété de M. de Balzac, à vendre ou à louer.*

La désagréable trompette du chemin de fer m'appelait.

Adieu, séjour le plus triste, le plus accablant de tous, non pas seulement parce que celui que nous aimions tous n'y est plus, mais parce que d'autres y sont.

La désagréable trompette du chemin de fer ne m'avait jamais paru si agréable à entendre. Vite ! vite ! vite Paris ! où il y a dix-sept mille fiacres, deux mille omnibus, vingt-sept théâtres et douze cent mille égoïstes qui vous empêchent de penser à autre chose qu'à vous garer des roues, qu'à choisir entre tous ces spectacles celui qui vous enlèvera le plus vigoureusement à vos préoccupations, qu'à vivre au jour le jour, sans souci de ceux qui ne sont plus. Est-ce qu'ils ont jamais été ?

Nous allons pourtant, s'il plaît au lecteur, rentrer encore aux Jardies, mais cette fois par la porte du passé ; nous allons les revoir, mais habitées ou presque habitées par Balzac, déjà un peu infidèle à sa résidence de prédilection.

Paris qu'il fuyait, Paris l'attirait sans cesse : comment en eût-il été autrement ?

C'est à Paris qu'étaient ses amis, sa famille, ses admirateurs, ses libraires, son public, sa gloire, sa renommée, et ajoutons ses ennemis : ennemis vrais, ennemis fictifs, mais qu'il confondait si bien, qu'il s'en créait des légions, des armées. Et ces innombrables ennemis, un jour, il les provoquait en champ clos, il les appelait la lance au poing, il demandait à les combattre face à face ; un autre jour, plus calme, il se bornait à les couvrir d'un auguste mépris. Au fond, il se préoccupait beaucoup du moyen de les neutraliser par de l'habileté, de la politique, de la ruse, et surtout sans paraître trop personnellement tourmenté du désir de se les concilier.

C'était pourtant son unique envie ; on va le voir par le récit du singulier projet dont il me parla un jour, et dont je reçus le premier la confidence au fond d'un cabaret de Saint-Cloud où nous étions allés déjeuner.

Avant d'entrer dans les détails d'un plan d'association qui a réellement existé, et qui a duré plusieurs années — trois années au moins, — je rapporterai de ce déjeuner de Saint-Cloud une particularité, je crois, assez gaie. Elle a circulé plus tard de bouche en bouche, avec la vogue d'un mensonge ; pourtant elle est vraie de point en point. La voici. Le grand air, le vent matinal, la vue frétillante de la rivière, peut-être aussi le vieux préjugé qu'on doit avoir faim parce qu'on s'est levé de bonne heure, tout avait aiguisé l'appétit de Balzac. Ce jour-là, il avait la faim de Grand-Gousier. Après avoir englouti, presque vivantes, deux belles côtelettes de mouton et une montagne dorée d'éperlans, il me parla ainsi :

« Avant d'attaquer le sujet de conversation qui nous rassemble ici, je voudrais me meubler l'estomac de quelques autres mets supplémentaires. » C'était grave : le souhait était naturel, mais peu facile à réaliser dans la localité riveraine de Saint-Cloud, où, une fois sorti de la côtelette de mouton, de la friture de goujons, de la classique matelote, on ne propose plus aux aubergistes qu'une énigme pleine d'inquiétudes pour eux. Cependant, pour complaire à Balzac affamé, je cognai, avec l'angle fruste de mon robuste verre, le bois de la table rustique et court vêtue sur laquelle nous déjeunions, et le fils de l'aubergiste monta quatre à quatre par l'escalier de sapin placé entre la cuisine et nous. Ici, questions de Balzac, et réponses faites à Balzac par le garçon : « Avez-vous du gigot braisé ? — On vient, monsieur, de servir la dernière tranche à un Anglais, il n'y a pas un quart d'heure. — Une fricassée de poulet ? — Les poulets sont bien durs, monsieur, dans cette saison. — Respectons leur dureté : avez-vous des fricandeaux ? — Nous n'en aurons, monsieur, qu'à cinq heures. — Avez-vous du sphinx ? demandai-je à mon tour avec impatience au fils de notre hôte. — Du sphinx ? je cours voir à la cuisine, me répondit-il. — Vous en monterez pour deux, entendez-vous ? — Oui, monsieur. » Le garçon disparut.

Balzac alors de me dire : « Ai-je mal entendu, est-ce que vous ne lui avez pas demandé du sphinx ? — Parbleu, vous avez bien entendu ! vous vous obstinez à vouloir trouver à Saint-Cloud, dans une cabane de pêcheur, un déjeuner parisien complet, avec entremets, pièces froides, c'est absolument comme si vous demandiez du sphinx. J'ai demandé du sphinx. »

Le garçon était remonté. D'un visage parfaitement convaincu, il nous dit du haut de la première marche de l'escalier : « Monsieur, il n'y en a plus ! » Je vois encore le visage de Balzac, comprimé d'abord par l'étonnement de cette réponse, se détendre tout à coup et atteindre aux proportions lunaires d'un épanouissement produit par une irrésistible hilarité. Il jette sa serviette en l'air ; puis, s'accoudant sur la table, il rit à faire trembler la cabane du pêcheur, à faire envoler les pigeons, picorant sur les bords de la croisée. Tout rit autour de nous, parquet, plafond, bancs, banquettes, assiettes, couteaux, fourchette de plomb, tout, excepté le fils de l'aubergiste chez qui nous sommes. Il s'est pris complétement au sérieux, et sa réponse est sincère. Son maître lui avait évidemment recommandé de toujours dire, quel que fût le mets désiré : « Il n'y en a plus, » et jamais : « Il n'y en a pas. » Nous lui avions demandé du sphinx ; il n'y en avait plus !

Balzac remplaça le sphinx par un morceau de fromage et quelques feuilles de salade arrosées d'une huile qui rappelait celle d'olives, mais de bien loin ! L'huile d'olives à Saint-Cloud ! autre sphinx.

Au dessert, — y avait-il un dessert ? — Au café, probablement, il se mit en disposition de m'apprendre enfin dans quel but nous nous trouvions réunis à Saint-Cloud, à une heure encore assez matinale.

« Vous n'ignorez pas, me dit-il, que, vers les premières années de la Restauration, quelques hommes de lettres, d'une valeur que je ne discuterai pas ici, se détachèrent un jour de la fameuse société buvante et chantante du Caveau, et se reformèrent sournoisement dans des conditions plus ambitieuses, sous la dénomination de la *Compagnie de la Fourchette*. On sait aujourd'hui l'esprit et les résultats de cette association. Chacun des membres jurait, s'il entrait jamais à l'Académie française, d'employer tous ses efforts pour y faire entrer un confrère, à ne faire un choix académique que dans la Compagnie de la fourchette. Au bout d'un certain nombre d'années, il devait arriver que tous finiraient par être de l'Académie, ce qui arriva. Le Caveau entra en masse.

« Je ne pense pas, poursuivit Balzac, à recommencer la même tactique ; on ne recommence rien dans ce monde avec les mêmes chances de succès. D'ailleurs, l'Académie ne m'émeut guère le cœur : on croit le contraire, on a tort. Si j'y arrive, tant mieux !… sinon… mais je continue. »

Il continua ainsi : « Je n'aime pas le journalisme ; je dirai même que je l'exècre ; c'est une force aveugle, sourde, méchante, insoumise, sans moralité, sans tradition, sans but ; il est comme les bouchers ; il tue la nuit, pour manger le matin avec ce qu'il a tué. Mais, enfin, inclinons-nous, c'est une force ; c'est la force du siècle. Cette force mène à tout, conduit à tous les points de la circonférence ; c'est la seule aujourd'hui qui ait la puissance considérable de renverser, et par conséquent la puissance de remplacer ce qu'elle met par terre. Voyez ce que peuvent les *Débats*, le *Constitutionnel*, la *Presse*, et même le *Siècle* dans des proportions différentes ! Je défie le gouvernement de nommer un ministre, un receveur général ou particulier, un amiral ou un garde champêtre, sans se préoccuper peu ou prou de l'impression que produiront sur la peau de la presse ces diverses nominations.

« La royauté lui est subordonnée. Thiers règne et Bertin gouverne : quand ce n'est pas Bertin qui règne et Thiers qui gouverne, c'est Émile de Girardin, en attendant que ce soit

Louis Perrée. Qu'est-ce donc que cela, si ce n'est le règne du journalisme ?

« Mais, continua de Balzac, j'ai l'air de vous apprendre, à vous, mon ami, qui avez été, qui êtes et qui serez probablement toujours un peu journaliste, les facultés formidables, inouïes, du journalisme.

— Je vous écoute toujours.

— Je continue donc : Ce fait d'expansion et de violence n'étant nié par personne, d'ailleurs, nous crevant les yeux à tous tant que nous sommes, voici ce que je veux : je veux que nous disposions à notre gré, à notre profit, — entendez-vous bien ? — de cette machine terrible pour placer nous et nos amis à tous les sommets productifs de l'art, de la science, de l'administration, de la politique. Je veux que, lorsque nous désignerons, parmi nous, un bibliothécaire, il soit nommé ; un député, il soit nommé ; un académicien, il soit nommé ; un professeur, il soit nommé.

— Mais…

— Ne m'interrompez pas ! Que faut-il pour cela ? avoir dans chaque journal, quelle que soit son opinion, un membre de notre société, un membre qui nous appuiera, nous défendra, qui fera prévaloir. partout et toujours, notre candidat. Et quand le gouvernement verra que ce candidat est soutenu par les lances de la *Presse*, comme par les hallebardes de la *Quotidienne*, par le fusil à rouet du journal des *Débats*, comme par le mousquet du *Siècle*, il faudra bien qu'il accepte notre choix ou le subisse. C'est ainsi que se gouverne le monde, croyez-le bien ; il fait semblant d'aller volontairement comme le cheval sous le cavalier ; mais il obéit au frein, à l'éperon, à la cravache et aux genoux. Avez-vous, — voyons maintenant, — quelques objections à faire à ce colosse de Rhodes de projet ?

— J'en ai quinze cent mille et une, répondis-je.

— Dites-moi la dernière, repartit de Balzac, j'aurai probablement à vous faire grâce des quinze cent mille autres.

— Où prendrez-vous, dis-je, ces journalistes sur la fraternité et le dévouement desquels vous pourrez compter ?

— Leur intérêt me répondra de leur dévouement.

— Je connais les journalistes mieux que vous : ils sont plus indolents encore qu'ambitieux ; n'ayant rien à demander pour eux, ils ne se remueront guère quand il s'agira de solliciter pour les autres ; et votre société, dont je ne connais pas encore le nom, s'en ira en pure eau claire quand vous y poserez le pied pour vous élever.

— Vous vous trompez, ah ! voilà où vous vous trompez magnifiquement, s'écria Balzac, croyant avoir terrassé ma plus vivace objection ; ce ne sont rien que des ambitieux déguisés, vos journalistes ! Celui qui écrit le *Fait-Paris* veut faire du feuilleton ; celui qui écrit le feuilleton veut traiter le *grand article* politique, et celui qui écrit l'article politique veut devenir maître des requêtes, député, conseiller d'État, préfet et le reste.

— Sans doute, il y a un peu de vrai dans ce que vous dites là, mais le fond inerte que j'accuse reste le même. Le vrai journaliste n'est que journaliste ; il vit et meurt journaliste ; tenez-le pour certain.

— Je le tiens si peu pour certain, que j'exécuterai mon projet d'association, avec vous ou sans vous, et que j'en pose la première pierre dès ce moment. Décidez, en êtes-vous, n'en êtes-vous pas ?

— Dînera-t-on dans votre société ? dis-je à Balzac, que je voyais profondément contrarié de s'être ouvert à quelqu'un si peu disposé à le suivre.

— Comment ! si l'on dînera ! mais une fois par semaine. On ne se rencontrera même qu'à l'occasion de ces dîners hebdomadaires, afin de ne promener aucun ombrage sur le front si délicat de nos concierges respectifs, trop étonnés peut-être de voir, à certains jours donnés, tant de gens à mine suspecte passer et repasser devant eux. Si l'on dînera ! ! » Étendant ensuite ses bras sur moi, Balzac dit sacramentellement : « Je vous reçois premier membre de notre société à venir.

« Ceci dit, allons, tout en nous promenant au bord de la Seine, ajouta-t-il, songer au choix de journalistes qu'il nous faut faire pour former notre société. »

Nous quittâmes la table.

En traversant la salle du restaurant, nous exprimâmes à notre cher hôte tous nos regrets de nous y être pris trop tard pour goûter de son sphinx, et nous nous dirigeâmes du côté de la Seine.

Quelques minutes après, commençait entre de Balzac et moi un dialogue singulier, mais aux singularités duquel j'aurais dû franchement m'attendre si je m'étais un peu plus souvenu que les plus grands peintres du cœur humain, les plus fins analystes de nos faiblesses et de nos ridicules, sont les premiers souvent à passer de la situation de peintre à celle de modèle. Ainsi, je vis l'instant où de Balzac, forcé de faire un choix parmi les journalistes de l'époque pour arriver à la formation de sa liste de premiers membres fondateurs de sa société, car il fallait bien en venir là, n'en désignerait pas un seul, tant il les haïssait tous d'une haine aveugle, et n'établissait guère de différence entre le meilleur et le pire d'entre eux. À mesure que je lui en nommais un, de Balzac, au lieu de chercher le plus possible un motif de l'admettre, trouvait, inventait vingt motifs pour le rejeter dans l'abîme. Les choses se passèrent à peu près ainsi que nous allons les dire :

« A. vous convient-il ?

— C'est un hypocrite ! Quand nous nous rencontrons, il me serre la main, et, avec la sienne, il a écrit trois abominables articles sur la *Physiologie du mariage*. Ne me parlez pas de ce tartufe-là !

— Laissons ce tartufe-là. Que pensez-vous de B. ?

— Pis que pendre ! C'est un courtisan ; il dîne tous les jeudis chez B. ! !

— Du moment où B. dîne tous les jeudis chez B..., c'est autre chose... Accepterez-vous C. ?

— Non ! ne me demandez pas pourquoi.

— Je ne vous demanderai pas pourquoi. Accepterez-vous davantage D. ?

— Pas davantage !

— E. vous va-t-il ?

— C'est un drôle ! il a osé dire qu'une vieille dame de mes amies, chez laquelle je vais passer quelquefois les mois d'automne à la campagne, m'a fourni les sujets de mes derniers romans. Infâme drôle !

— Savez-vous que notre liste ne se remplit pas beaucoup jusqu'ici ?

— Combien y a-t-il déjà de noms ?

— Il n'y en a déjà aucun. »

Balzac pouffa de rire.

« Combien il est difficile, vous le voyez, de saisir un juste aux cheveux parmi cette spécialité malsaine, dit-il ; trions toujours !

— Trions ! Mettons-nous F. sur notre liste ?

— Hum !

— Hum ! quoi ?

— Oui et non. C'est un bon garçon, sans doute ; mais il n'a aucun talent sérieux. Quand, à son tour, il voudra être quelque chose, qu'en ferons-nous ?

— On le chargera d'une mission scientifique. Les missions scientifiques sont un bât qui va à tous les ânes. Il ira étudier *l'influence des queues de morue sur les ondulations de l'Océan, au point de vue de la religion et des mœurs.* Du reste, vous avez raison, c'est une bouche inutile. Rayons !

— Rayons, dit alors Balzac avec joie ; rayons !

— G. vous sourit-il ? G. est charmant. Esprit fin, bon caractère.

— Il me conviendrait assez ; mais il est si mal avec ses autres confrères, que nous l'exposerions à être étranglé par eux si nous le mettions dans la société. Rejeté par humanité.

— Passons à H., dis-je en soupirant.

— Oui, passons ! passons ! passons vite !

— Ah ! il ne vous agrée pas, celui-là non plus ?…

— Un jour je vous dirai le tour de coquin qu'il m'a joué pendant que j'avais mon imprimerie. Du reste, il a tenu sur moi, dans la maison Bechet, des propos… pas de H.

— I. me semble réunir de bonnes conditions pour figurer avantageusement sur notre liste.

— Oui… mais… oui. Celui-là me va assez.

— Enfin !

— Écrivez-le provisoirement, dit Balzac.

— Provisoirement ! Rien que provisoirement ! »

Bref, il résulta qu'au bout d'une promenade de deux heures au bord de la Seine, Balzac, tant son antipathie était plus forte chez lui que tout autre sentiment à l'endroit du journalisme, n'avait pu, sur neuf noms, neuf noms d'ailleurs déjà choisis par moi-même mentalement en les lui présentant, n'en accepter qu'un, qu'un seul, et encore n'était-ce que provisoirement !

Cependant, comme il était dans la destinée de cette amusante idée de Balzac de briser l'enveloppe et de s'épanouir au jour pour la plus grande joie de son inventeur, la fameuse société d'assistance mutuelle se recruta définitivement des noms que nous allons dire.

On verra avec orgueil que si le choix avait été laborieux, il venait du moins largement récompenser des difficultés affrontées et enfin vaincues.

Balzac, qui voulait du mystère à la naissance de sa création favorite, indiqua à ses premiers affiliés pour lieu du premier rendez-vous le Jardin des Plantes, où ils se rencontrèrent, en effet, un samedi, vers quatre heures, par un temps magnifique, grande allée du Muséum. C'est de là qu'on partirait ensuite pour aller dîner à un restaurant indéchiffrable, pareillement découvert par Balzac à quelque distance du Jardin des Plantes.

Il en sera question dans un instant.

Du fond de la grande allée du Jardin des Plantes et par les allées aboutissantes, on vit bientôt s'avancer, à la manière des conspirateurs de l'Ambigu-Comique, Granier de

Cassagnac, puis Théophile Gautier, puis Louis Desnoyers, puis Eugène Guinot, puis Alphonse Karr, puis T. Merle, puis Altaroche, puis Balzac, puis moi, hommes de lettres un peu bien étonnés de se trouver ensemble, surtout dans le but fraternel que j'ai suffisamment précisé plus haut. Mais Balzac était vraiment le grand prêtre-né de ces mariages impossibles.

Les politesses d'usage accomplies, on se prit, avec une intimité un peu jeune, sous le bras les uns les autres et l'on suivit Balzac.

Balzac, plein d'aise et d'enchantement, sortit du Jardin des Plantes, descendit le quai aux vins en longeant l'Entrepôt, et, quand il fut entre la rue des Fossés-Saint-Bernard et la rue de Poissy, presque en face du pont de la Tournelle, il nous dit : « Messieurs, c'est ici ! » Quel impossible endroit avait-il donc choisi pour l'accomplissement de notre premier repas de corps ?

Je ne voyais, où nous étions arrêtés, ni ombre de restaurant, ni profil de café, mais quelque chose d'effacé, de bâtard, comme la boutique d'un marchand de vin de la banlieue. Je levai la tête pour découvrir quelque signe indicateur qui m'instruisît mieux que notre impénétrable guide ; je n'aperçus qu'une informe enseigne, perdue à la hauteur du second étage d'une étroite maison, faisant avec le mur où elle s'accrochait un angle d'inclinaison assez périlleux. Sur cette enseigne, qui, du reste, est peut-être encore à la même place, je distinguai un énorme cheval de roulier peint en rouge, dressé sur ses jambes de derrière, beau d'encolure, fougueux de crinière et laissant lire sous ses sabots ces mots, qu'on a déjà lus pour peu qu'on ait traversé l'une de nos trente ou quarante mille poudreuses communes de France : *Au Cheval rouge !*

Nous étions donc au *Cheval rouge.*

Balzac nous avait conduits à l'auberge du *Cheval rouge* ; il avait fait préparer notre dîner d'initiation et d'inauguration au *Cheval rouge* ; nous allions enfin nous mettre sous les auspices du *Cheval rouge.*

Ce n'est pas sans motif que je répète quatre fois ici cette indication peinte à l'huile grasse : le *Cheval rouge !*

La société fondée par Balzac, dans l'intention que l'on sait aussi bien que moi maintenant, devait prendre, et elle prit en effet le titre de la société du *Cheval-Rouge.*

Le salon, ou plutôt la salle où nous entrâmes, répondait à la vulgarité brutale de l'enseigne ; c'était un hangar au fond d'une cour, entre un puits et un magasin de futailles vides.

Les chevaux rouges dînèrent assez mal ce premier jour-là ; toutefois l'enthousiasme et les vins firent bravement passer sur la médiocrité des mets.

Il faut s'entendre sur le mot enthousiasme, que j'écris ici avec une facilité peut-être un peu grande. Il y eut de la roideur sous l'entraînement ; bien d'anciennes fibres ennemies résistèrent quand il fallut les enlacer à la guirlande amicale que Balzac entreprenait de former.

Ainsi le *Charivari*, dans la personne de son principal représentant, n'avait jamais brûlé un encens bien vif au pied de la renommée de Balzac ; Alphonse Karr et Balzac ne se seraient pas mutuellement jetés dans les flots pour se sauver ; moi-même je n'avais pas une tendresse égale pour tous mes confrères d'écurie ; j'avais reçu autrefois plus d'un froissement, que j'avais, à mon tour, rendu avec quelque largesse.

Or tous ces coudoiements, toutes ces taloches littéraires, toutes ces gourmades d'un passé qui n'était pas bien vieux, revenaient quelquefois à la surface.

Si les sourires se faisaient doux, si les verres se choquaient bruyamment entre eux, si l'esprit de celui-ci fraternisait avec l'esprit de celui-là, la sincérité antique n'était pas le fond de ce tableau. De temps en temps, des silences moqueurs couraient sur la toile.

Un seul écrivain, un seul ! parmi tous ces convives d'origines diverses, réunissait les sympathies de tous et nous aimait tous. C'était le bon, l'excellent, le spirituel rédacteur de la *Quotidienne*, T. Merle. Merle au visage si noble et si beau, à la mémoire intarissable, fleurie de toutes sortes de fleurs, comme les campagnes de ce beau Midi dont il était, représentait véritablement au milieu de nous le type de la concorde.

Notre supérieur par l'âge. Merle l'était encore non par la notoriété littéraire, quoiqu'il eût la sienne, la sienne bien réelle, bien incontestée ; mais par le mérite d'une exquise conversation, par une connaissance délicate de tous les personnages et de toutes les choses marquantes de son temps. Il avait retenu du dix-huitième siècle l'ironie voltairienne moins la sécheresse de l'athéisme. Le fanatisme de la royauté ne s'alliait pas chez lui à l'esprit de violence de 1815 et du *Drapeau-Blanc*. Il racontait comme Désaugiers chantait ; il plaisantait comme Louis XVIII plaisantait, et il comptait au moins autant de bonnes fortunes que le brillant Lauzun, qui n'eut jamais à coup sûr ni la rare perfection de corps ni la radieuse beauté de visage de notre cher et regrettable Merle.

Il n'avait qu'un défaut, mais ce défaut était grand, très-grand pour nous, car il le rendait tout à fait inutile à la société du *Cheval-Rouge*, où, à la vérité, nous ne l'avions pas introduit sans violence. Merle n'avait pas le plus léger grain d'ambition sous la peau ; il n'était rien, n'avait jamais voulu rien être, et il ne voulait rien devenir. « Je vous servirai tant que vous voudrez, tant que je pourrai, disait-il, mais, je vous en prie, ne vous occupez pas de moi. »

L'éloquence de Balzac obtint pourtant de Merle qu'il accepterait une place de bibliothécaire. Nous promîmes tous de travailler à la réalisation de l'engagement pris par Balzac. Ce qu'il accepta pareillement, ce fut de commander nos dîners hebdomadaires et de veiller à leur parfaite ordonnance. À cet égard, la violence exercée sur lui fut beaucoup moins sensible.

Merle était une fourchette d'or tombée du ciel. Personne depuis Néron, depuis Lucullus, depuis Grimod de la Reynière, personne n'a su manger comme lui, quoiqu'il donnât un peu trop dans les salaisons du Midi.

Rougemont, Brazier et lui, trois géants par la taille et par l'estomac, ont laissé d'impérissables souvenirs gastronomiques aux *Vendanges de Bourgogne*, au *Cadran bleu*, chez *Balaine*, et au *Rocher de Cancale*. Ils ont bien vécu.

Revenons au dîner du *Cheval rouge*.

On lut au dessert les statuts de la société, qui pouvaient se résumer en ceci : *Chacun sera à tous, et tous seront à chacun.* On convint aussi que rien ne serait jamais écrit touchant la composition et le but de la société du *Cheval-Rouge*. Il fut pareillement arrêté qu'on reviendrait dîner au même restaurant huit jours après le premier banquet, ce qui eut lieu. Mais on se lassa bientôt de cette course insensée au *pont de la Tournelle*. Nous changeâmes d'auberge sans toutefois changer d'enseigne.

Le *Cheval-Rouge* alla, quelques semaines après son inauguration, dîner aux *Vendanges de Bourgogne*, vaste et historique restaurant qu'il faut un peu rappeler à la génération présente. Elle en a entendu parler sans doute, mais elle ne l'a pas vu se développer sur une ligne vraiment monumentale, au bord du canal Saint-Martin, à l'entrée du faubourg du Temple. Là, les dîners, sans être plus chers, quoiqu'ils le fussent encore beaucoup, étaient meilleurs qu'au *Cheval rouge*.

Nous changeâmes plusieurs fois encore de réfectoire.

Ce n'est pas tout à fait le mieux que nous poursuivions dans ces nombreux déplacements : Balzac avait peur qu'une trop longue fréquentation dans un même restaurant ne révélât aux garçons, des garçons aux maîtres, et des garçons et des maîtres à tout le monde, l'existence de notre société. Sa terreur était amusante à cet endroit.

Que produisit, en fin de compte, cette fameuse société du *Cheval-Rouge*, au bout de plusieurs années d'existence ? Beaucoup de dîners, beaucoup d'articles écrits dans les journaux pour Balzac, sur Balzac, à l'éloge de Balzac, lequel Balzac n'écrivit rien du tout sur ses confrères chevaux-rouges ; et elle ne conféra pas le moindre emploi, elle ne rapporta pas le moindre avantage aux autres membres. Balzac seul y avait cru beaucoup, Balzac seul en profita.

Quant à Granier de Cassagnac, à Louis Desnoyers, à Alphonse Karr, à Altaroche, à Merle, lequel, fatigué d'espérer, alla attendre sa bibliothèque dans un monde meilleur, ils n'eurent jamais une foi bien robuste dans l'association du *Cheval-Rouge*, dont l'enseigne seule, bravant les temps, les révolutions, l'humidité de la Seine, la sécheresse des étés, piaffe encore, je suppose, et éclabousse du rouge aux regards charmés de ceux qui vont du pont de la Tournelle au Jardin des Plantes.

Balzac, avons-nous dit plus haut, commençait à être moins fidèle aux Jardies : il se partageait fréquemment, — ce que ses meilleurs amis eux-mêmes ne surent pas tout de suite, — entre cette résidence rurale et la maison de la rue Basse, à Passy. Il ne serait pas impossible, on pourrait même dire qu'il est fort possible qu'il eût un troisième et même un quatrième logement.

Quant à la maison de la rue Basse, à Passy, pour nous en tenir à celle-là, il fut un temps où il nous y invitait autant qu'aux Jardies ; plus tard, il nous invita un peu moins aux Jardies qu'à Passy ; puis nous n'allâmes plus qu'à Passy, et les Jardies décrurent à l'horizon. On évita même d'en parler. Nous avions vu si souvent Balzac se rembrunir quand il en était question, que nous nous tînmes pour avertis. On en parlait quand il en parlait.

Occupons-nous donc d'abord de la période d'alternative résidence par Balzac tantôt aux Jardies et tantôt à Passy. La maison de la rue Basse, n° 19, à Passy, a été fort exactement décrite par un excellent écrivain, dans les pages intimes des Mémoires qu'il écrit pour lui, en attendant d'être lus par tout le monde. Puissent ces Mémoires n'être lus que bien tard, le plus tard possible, s'ils ne doivent être publiés que lorsque leur auteur ne sera plus là pour recevoir les éloges acquis à la lucidité de ses souvenirs que nous avons contrôlés nous-même et à la franchise de son style de la bonne école française.

Les lignes privées qu'on va lire, extraites des Mémoires auxquels nous faisons allusion, sont de M. Solar, autrefois directeur du fameux journal l'*Époque*.

La plume est dans ses mains :

« Affligé de la direction d'un journal, dit M. Solar dans les Mémoires auxquels il s'emprunte pour enrichir mon travail, — j'avais écrit à M. de Balzac pour lui demander un roman. Balzac me donna rendez-vous chez lui. Il avait eu la précaution, dans sa lettre que j'ai conservée, de me marquer le mot de passe pour arriver à sa personne. Il fallait demander madame de Bri…

« À l'époque de notre rendez-vous, Balzac habitait le village de Passy, rue Basse, 19.

« Je vais à Passy, j'affronte les pavés raboteux de la rue Basse, qui est très-haute, malgré sa dénomination hypocrite, et je demande au concierge de la maison, n° 19, madame de Bri…

« Ce concierge, méfiant comme un verrou, me regarda jusqu'au fond des yeux ; à peine rassuré après cet examen, doublé pourtant du mot de passe, il murmura : « Montez au premier. » Son regard sinueux m'accompagna longtemps en spirale : ce ne fut pas par politesse.

« Je montai au premier.

« Au premier, je trouvai, plantée sur le carré, la femme du concierge. Elle faisait sentinelle au seuil d'une porte qui donnait sur un perron.

« — Madame de Bri…, s'il vous plaît ?

« Le perron avait double escalier.

« — Descendez dans la cour, me dit la concierge.

« J'étais monté d'un côté, je descendis de l'autre, comme on le pratiquerait pour une double échelle.

« Au bas de l'escalier, je rencontrai la petite fille du portier, nouvel obstacle qui me barra le passage. Nouveau recours au talisman, au *Sésame, ouvre-toi !* Pour la troisième fois, je répétai : Madame de Bri..., s'il vous plaît ?

« La petite fille, d'un air fin et mystérieux, me montra du doigt, au fond de la cour, une chartreuse lézardée, délabrée, hermétiquement close. On eût dit une de ces maisons solitaires de la banlieue de Paris, qui attendent derrière leurs vitres chassieuses depuis un quart de siècle un locataire mythologique. Je sonnai sans espoir, convaincu que mon coup de sonnette, au milieu de toutes ces poussières, ne pouvait réveiller qu'une tribu de chauve-souris et de souris moins chauves.

« À ma grande surprise, la porte cria, elle cria fort, par exemple, et une honnête servante allemande parut sur le seuil. Elle était vivante ! Je répétai encore : — Madame de Bri... ?

« Une dame d'une quarantaine d'années, à la figure grasse, monacale et reposée, une sœur tourière sortit lentement de l'ombre bleue et tranquille du vestibule. C'était elle enfin ! c'était le dernier mot de l'énigme domiciliaire, c'était madame de Bri... ! Elle articula mon nom qu'elle enveloppa d'un sourire béat et m'ouvrit elle-même la porte du cabinet de M. de Balzac.

« J'entrai dans le sanctuaire.

« Mes regards se portèrent d'abord sur un buste colossal de l'auteur de la *Comédie humaine*, par David d'Angers : magnifique ouvrage du plus beau marbre, chef-d'œuvre de ce sévère statuaire qui est resté le maître des maîtres dans la sculpture des portraits. Ce buste monumental était posé sur un socle dans lequel on avait enchâssé une horloge. Cela signifiait sans doute que Balzac avait vaincu le temps. Je suppose que l'idée était de David lui-même, quoique Balzac ne péchât pas par excès de modestie et fût bien capable d'être l'auteur du symbolique socle.

« On sait que sur le piédestal d'une statue en plâtre de Napoléon Ier il avait écrit à la plume ces mots assez téméraires : *Achever par la plume ce qu'il a commencé par l'épée.* On voyait cette statue dans son logement de la rue des Batailles.

« Une porte vitrée, ouvrant sur un petit jardin planté de maigres massifs de lilas, éclairait le cabinet dont les murs étaient tapissés de tableaux sans cadres et de cadres sans tableaux.

« En face de la porte vitrée, un corps de bibliothèque : sur les rayons s'étalaient dans un beau désordre : l'*Année littéraire*, le *Bulletin des lois*, la *Biographie universelle*, le *Dictionnaire de Bayle*, etc. À gauche, un autre corps de bibliothèque qui paraissait exclusivement réservé aux contemporains. On y voyait vos œuvres, mon cher Gozlan, entre celles d'Alphonse Karr et de madame de Girardin.

« Au milieu de la pièce était une petite table, — la table de travail sans doute, — sur laquelle reposait un volume unique : un dictionnaire français.

« Balzac, enveloppé d'une ample robe de moine jadis blanche, une serviette à la main, essuyait amoureusement une tasse de porcelaine de Sèvres. À peine m'eut-il aperçu, qu'il entama, avec une verve qui s'éleva de seconde en seconde à la note du fanatisme, ce singulier monologue que je reproduis scrupuleusement. — Voyez-vous, me dit-il, cette tasse ? — Je la vois. — C'est un chef-d'œuvre de Watteau. J'ai trouvé la tasse en Allemagne et la soucoupe à Paris. Je n'estime pas à moins de deux mille francs cette précieuse porcelaine ainsi complétée par le plus merveilleux des hasards. Le prix me frappa d'un éblouissement subit : deux mille francs ! Je pris la tasse par politesse, et un peu aussi pour cacher un sourire d'incrédulité. Balzac poursuivit intrépidement son exhibition phénoménale : — Considérez, je vous prie, cette toile qui représente le *Jugement de Pâris*, c'est la meilleure du Giorgione. Le musée m'en offre douze mille francs ; D-O-U-Z-E M-I-L-L-E francs. — Que vous refusez, ajoutai-je à mi-voix. — Que je refuse, que je refuse net, répéta bravement Balzac. — Savez-vous, s'écria-t-il en s'exaltant, savez-vous que j'ai ici pour plus de quatre cent mille francs de tableaux et d'objets d'art ? — Et l'œil en feu, les cheveux en désordre, les lèvres émues, les narines palpitantes, les jambes écarquillées, le bras tendu comme un montreur de phénomènes un jour de foire en plein soleil et en pleine place publique, il continua ainsi : Admirez,

admirez ce portrait de femme de Palma le Vieux, peint par Palma lui-même, le grand Palma, le Palma des Palma, car il y a eu autant de Palma en Italie que de Miéris en Hollande. C'est la perle de l'œuvre de ce grand peintre, perle lui-même parmi les artistes de sa belle époque. Altesse, saluez !
— Je saluai.

« — Voici maintenant le portrait de madame Greuze peint par l'inimitable Greuze. C'est la première esquisse de tous les portraits de madame Greuze ; le premier trait ! celui que l'artiste ne retrouve plus. Diderot a écrit sur cette esquisse suave vingt pages délicates, sublimes, divines, dans son *Salon*. Lisez son Salon ; voyez l'article Greuze, lisez cet admirable morceau !

« — Ceci est le portrait d'un chevalier de Malte ; il m'a coûté plus d'argent, de temps et de diplomatie qu'il ne m'en eût fallu pour conquérir un royaume d'Italie. Un ordre du pape a pu seul lui ouvrir la frontière des États romains. La douane l'a laissé passer en frémissant. Si cette toile n'est pas de Raphaël, Raphaël n'est plus le premier peintre du monde. J'en demanderai ce que je voudrai. — Mais l'obtiendrez-vous ? — S'il y a encore sur la terre un millionnaire qui ait du goût, oui ! sinon j'en ferai hommage à l'empereur de Russie. Je veux un million ou un remercîment. Passons.

« Ce meuble d'ébène incrusté de nacre, a appartenu à Marie de Médicis. Monbro l'estime soixante mille francs. Ces deux statuettes sont de Cellini. — Celle-ci est d'un Cellini inconnu du dix-septième siècle. Elles valent toutes les trois leur pesant d'or. Passons. — Passons. — J'ai fait acheter à Pékin ces deux vases de vieille porcelaine de Chine qui ont appartenu à un mandarin de première classe. Je dis vieille porcelaine de Chine, parce que vous êtes trop éclairé, M. Solar, pour confondre avec la porcelaine simplement de la Chine. Les Chinois n'ont plus de cette miraculeuse vieille porcelaine depuis le treizième siècle. Eux-mêmes en donnent aujourd'hui des prix fous, ils la font revenir de tous les pays européens qui en possèdent. Avec ces deux vases, j'aurais des millions et des torrents de dignités à Pékin. — Mais c'est bien loin, mon cher M. de Balzac. — Qu'on ne m'y force pas ! Toujours est-il qu'on m'offrirait vainement en échange la manufacture de Sèvres tout entière.

« Je sentis qu'il devenait indispensable de mettre le Gascon au diapason du Tourangeau, pour l'honneur déjà bien compromis de la Garonne, et je m'écriai à mon tour : Allons donc, la manufacture de Sèvres ! Vous y perdriez, M. de Balzac, vous seriez refait ! Mais pour loger toutes ces merveilles dont vous parlez si bien, et que j'admire autant et peut-être plus que vous, il vous faudrait un Louvre.

« Je le bâtis ! me répondit sans sourciller mon intrépide interlocuteur ; oui, je le bâtis. — À la bonne heure ! vous calmez mes inquiétudes, M. de Balzac. La grande salle, la salle d'honneur, la salle d'Apollon comme il me plaira de l'appeler le moment venu, me coûte déjà cent mille francs. — Cent mille francs ! — Oui, monsieur, cent mille francs. C'est prodigieux ! — Ce le sera. — Tous les murs sont revêtus de haut en bas de malachite. — De malachite ? — Comme qui dirait du diamant.

« Quelque incroyable que puisse paraître cette conversation, j'en affirme la complète exactitude.

« On se demandera peut-être dans quel but Balzac se livrait à ces exagérations gigantesques. On pourra même se demander s'il avait un but et s'il ne s'abandonnait pas tout simplement à la pente naturelle de son esprit, en plongeant ainsi dans cette mer sans fond de rubis, de perles, de topazes, de malachites et de sable d'or. Il faut bien que je l'avoue, je crois fermement que Balzac avait un but en me brûlant ainsi les yeux aux reflets rapides, chatoyants, de tous ces millions frappés à l'hôtel des monnaies des mille et une nuits et à l'effigie du sultan Haroun-al-Raschid. Je venais lui demander de la prose pour mon journal ; je n'étais à ses yeux qu'un acheteur. Je venais chez lui m'approvisionner de copie. Il avait fait ce calcul assez exact en général, mais faux en ce qui me concernait : Si je démontre à ce négociant que je suis millionnaire, il ne marchandera pas, parce qu'on ne marchande pas ceux qui n'ont pas besoin de vendre. Cette fois-ci, c'était lui qui agissait en marchand ; les rôles étaient changés : il fallait bien prendre celui qu'on me laissait. J'agis en artiste, et je l'estimai fort en acceptant du premier mot le chiffre de sa proposition. Marché fut conclu. Je me retirai en emportant les épreuves curieusement raturées et surchargées de la *Dernière incarnation de Vautrin*, un des plus formidables chefs-d'œuvre de Balzac. »

Sans vouloir rien déranger à cette curieuse description du cabinet de Balzac, sans prétendre émousser un seul relief des délicieuses ironies qu'elle encadre, nous devons dire pourtant qu'elle laisse un peu trop le lecteur dans le doute sur la véritable valeur du mobilier de la maison de Passy.

S'il s'en faut de beaucoup qu'il représentât une valeur aussi grande que celle que lui prêtait l'imagination orientale de Balzac, il lui avait coûté cependant de belles sommes. Quelques pièces justifiaient le goût de l'homme supérieur, et attestaient surtout de réelles dépenses. Ainsi, le meuble d'ébène incrusté de nacre, dont parle M. Solar, et autour duquel Balzac tournait sans cesse des regards ravis, était une pièce digne du Louvre. Pour mettre l'admiration publique au niveau de la sienne, peut-être aussi pour un motif moins abstrait, il me pria un jour d'en faire la description dans un recueil où il écrivait quelquefois, désir qui fut immédiatement rempli par moi, à sa grande joie d'antiquaire. L'article parut même accompagné de deux riches dessins d'une exactitude irréprochable. Peut-être le lecteur, heureux d'avoir une idée précise quoique limitée du mobilier de Balzac, nous pardonnera-t-il, à ce titre, de lui donner ici l'inventaire rapide des deux pièces sculptées, dont une seule frappa l'attention de M. Solar et dont Balzac nous chargea d'être le biographe.

Ces deux meubles sont tout simplement ce qu'on appellerait de nos jours la commode de Marie de Médicis et le secrétaire de Henri IV ; c'est-à-dire deux diamants de l'école florentine, au plus beau temps des Médicis.

D'une architecture élégante et pure, ces deux divins morceaux sont en ébène, veinés de filets d'or. La commode, vrai meuble de reine, est à pans brisés, avec culs-de-lampe et basses tournées en spirale aux angles. Des figures de sirènes, incrustées en nacre chatoyante, comme toute la décoration, forment le centre des vantaux et des tiroirs. Au milieu d'arabesques et d'enroulements fleuris, d'une délicatesse miraculeuse et comme en rêvent les ondines dans leurs palais transparents, se jouent par centaines des oiseaux dont l'ornementation est telle, qu'on les croirait colorés de tous les feux éblouissants que jette l'opale. Dix ans de la vie de l'un de nos plus célèbres artistes en incrustation ne suffiraient pas pour accomplir un pareil travail. Un seul morceau d'ébène recouvre cette commode armoriée aux armes de France et de Florence. La couronne qui domine l'écusson est celle de grande-duchesse. Ce détail, si hautement significatif, donne à croire que ces meubles sont un cadeau du grand-duc François II à sa fille. Quel souverain pourrait aujourd'hui se permettre une pareille preuve de tendresse ?

Le secrétaire est composé d'un avant-corps à deux vantaux, chargé d'une tablette profilée, sur laquelle s'élève la partie supérieure, également divisée en deux compartiments et terminée par une corniche d'une exquise pureté de moulures. L'ornementation de ce meuble, où les monogrammes de Henri et de Marie sont répétés sur les deux étendards, est plus sérieuse que celle du meuble de la reine, mais d'une perfection non moins rare. Des trophées d'armes, des allégories guerrières, des têtes grimaçantes ou terribles, remplacent la fantaisie plus gracieuse qui décore la commode. La prodigieuse habileté avec laquelle l'incrustation de ces deux morceaux est obtenue est si effrayante comme résultat, qu'on peut dire sans exagération qu'elle provoque le parallèle avec la mosaïque en pierre dure la mieux exécutée.

Une singularité précieuse donne au secrétaire une incalculable valeur historique. L'écusson de Henri IV a été arraché d'un des vantaux, et témérairement remplacé par l'écusson des Concini. Ce meuble a donc été donné au maréchal d'Ancre par la reine, après la mort de Henri IV. Cette révélation, du reste, ne ferait que confirmer les suppositions des historiens et les malices des Mémoires du temps.

Maintenant, comme tradition, voici ce qui doit compléter l'authenticité de ce fait. Après l'assassinat du maréchal d'Ancre, ses dépouilles enrichirent, comme on le sait, la maison de Luynes. Or c'est précisément en Touraine, et près de la petite ville de Luynes, que ce double trésor archéologique a été découvert.

À notre avis ces deux meubles sans prix sur lesquels se sont appuyés Henriette d'Angleterre, Louis XIII et Gaston d'Orléans, ces deux miracles de l'art au seizième siècle, qui est lui-même un miracle, ces deux curiosités, poétiquement historiques, sorties d'une chambre de reine, du palais d'un grand roi, auraient dû plutôt se retrouver dans le musée d'une grande nation ou dans le cabinet d'un souverain, que dans le cabinet d'un homme de lettres.

Que sont devenus ces beaux meubles depuis la mort de Balzac ? C'est ce que je ne sais pas.

Au-dessus des haines de toutes les formes et de toutes les couleurs que Balzac entretenait, sans que l'une lui fît jamais oublier l'autre, — quoique au fond il fût plus bilieux que haineux, — il y avait chez lui la haine à deux têtes contre la Belgique. Il ne s'écoulait pas d'heure où il ne sortît de sa bouche des épées et des flammes, des éclairs et des tonnerres à l'adresse de cette contrée exécrée et maudite par lui.

Il avait bien un peu ses raisons pour cela.

Balzac est à coup sûr l'écrivain dont la Belgique a le plus contrefait les livres pendant trente ans. Elle ne s'est pas lassée ; elle y a mis de l'acharnement ; elle y a même mis quelquefois de la folie, car ils étaient tant de contrefacteurs en Belgique, autour de toute œuvre de lui qui paraissait, qu'ils faisaient souvent une spéculation ruineuse à se déchirer ainsi la même proie. Sa colère était donc une colère juste s'il en fut jamais. Ce fut au sujet d'une contrefaçon de *César Birotteau*, qu'il prit un jour une résolution qu'il avait éloignée jusque-là systématiquement.

Ce jour-là, rien de plus comique que la position où je le surpris aux Jardies, dans la pièce basse du pavillon. Il gesticulait et s'agitait comme un possédé, derrière un rempart de livres de vingt formats différents. Il en prenait un, l'ouvrait avec rage, lisait le titre d'un coup d'œil, le fermait avec bruit et le remettait brutalement en place en disant : *Encore une ! encore une !*

« Approchez, me cria-t-il au moment où j'ouvrais la porte de la salle basse ; approchez !

— Il n'y a aucun danger ?

— Devinez ce que c'est que tout ça ?

— Des livres.

— Oui, des livres, mais encore ?…

— Un cadeau qu'on vous fait pour votre bibliothèque.

— Ah ! oui il est charmant, il est gracieux le cadeau ! Et la France laisse commettre de pareils brigandages à sa porte. »

Du moment, me dis-je, où Balzac me parle des intérêts de la France, il ne peut s'agir que des siens propres ; car la France, c'est lui : nous connaissons notre Louis XIV deux.

« Quels brigandages ?

— Comment quels brigandages ?

— Mais sans doute ; j'ignore…

— Y a-t-il d'autres brigands que les Belges au monde ?

— Il y a bien un peu les Allemands…

— Ah ! oui, me dit-il, les Allemands aussi contrefont mes livres. Mais qui dit Belges dit Allemands. »

C'est cela, me dis-je, il s'agit de ses livres.

« Et les Italiens, ne contrefont-ils pas ?

— Oui, les Italiens aussi.

— Et les Américains ?

— Oui, oui… mais les Belges !!…

— Alors pourquoi les Belges seuls ?

— Il n'y a qu'un Belge qui ait pu me jouer le mauvais tour de m'adresser ici, aux Jardies, ce ballot de livres, ce ballot uniquement formé de toutes les contrefaçons faites, en Belgique et partout, de mon *César Birotteau*. Quelle insolence de coupeurs de bourses ! quelle impertinence de lazzaroni ! quelle raillerie de bohèmes ! C'est une vengeance. Je les traite autant que je le puis, c'est vrai, de voleurs et de détrousseurs de livres, mais c'est me narguer par trop, que de m'envoyer ici, aux Jardies, vingt-cinq contrefaçons de *César Birotteau*. El je ne me vengerai pas ! Si fait ! je ne veux pas mourir sans avoir tiré une vengeance magistrale de ces bandits-là. Que faut-il faire, dites-moi, pour être de la Société des gens de lettres ? J'en ferai une armée, et avec cette armée je marcherai contre la Belgique. Elle a un Waterloo chez elle, elle en aura deux ! Oui, je veux être de la Société des gens de lettres : que faut-il faire, dites, pour cela ?

— Il faut être un peu homme de lettres. Ce n'est pas toujours de rigueur, mais enfin…

— Que donne-t-on en y entrant ?

— Vingt francs.

— Il fallait exiger vingt mille francs ! et l'on n'aurait pas eu tout le fretin de la littérature ; mais passons, le mal est fait. Je veux faire partie de votre Société.

— Je m'en réjouis grandement pour notre Société.

— Je veux en être cette semaine.

— Rien n'est plus facile, monseigneur.

— Vous me présenterez, n'est-ce pas ?

— Ce sera un immense honneur pour moi, sire. »

Balzac prit une poignée de contrefaçons et me les lança à la tête.

« Ne plaisantons pas, je veux être reçu, immédiatement, membre de la Société des gens de lettres, afin de faire prévaloir quelques bonnes et vigoureuses idées que j'ai contre la contrefaçon. C'est très-sérieux. Que ce soit le plus tôt possible !

— Il y a séance samedi prochain…

— Je veux être reçu samedi.

— Vous le serez.

— Gare ensuite à tous les pirates, sous quelques noms qu'ils se cachent : contrefacteurs, imitateurs, traducteurs, colporteurs, éditeurs, brocheurs, plieurs, satineurs et tous autres écornifleurs, voleurs ; malheur ! »

C'est en 1839 que Balzac demanda ouvertement à faire partie de la Société des gens de lettres dont, jusqu'alors, il ne s'était pas montré fort émerveillé, parce que, selon lui, elle ne marchait pas assez vite, parce qu'elle ne remplissait pas le monde du bruit de ses travaux, parce qu'elle ne dominait pas l'État de toute sa hauteur.

C'est sans doute pour avoir apprécié la société de cette manière peu mesurée et surtout peu contenue, que son admission réunit à peine, à l'assemblée générale, le nombre de voix suffisant. Il fallait quarante-cinq voix pour être élu, et il en eut cinquante-trois, tandis que des membres, beaucoup moins célèbres au dehors, en comptèrent jusqu'à quatre-vingts.

On fut, sans doute, fier de le voir, aussitôt reçu, siéger au comité, mais on craignait, sans se le dire, son impopularité dans une assez forte partie de la presse dont on avait le plus grand besoin de se rallier les difficiles sympathies. L'homme supérieur sut bien vite déchirer ces nuages. Tout en justifiant, à certains égards les appréhensions de quelques membres, il donna à la Société une impulsion inaccoutumée. Son souffle souleva l'inertie générale.

Balzac apportait à la compagnie une connaissance profonde, presque diabolique, de la misère chronique de la profession ; une habileté rare, sans égale, à traiter avec les aristocrates de la librairie ; un indomptable désir de limiter leurs déprédations par des lois qu'il avait méditées sur le mont Sinaï d'une longue expérience personnelle ; et, avant toutes choses, une admirable conviction de la dignité de l'homme de lettres.

Sa parole était écoutée, si elle n'était pas toujours obéie.

Balzac s'exprimait avec une grande chaleur et une intarissable prodigalité d'idées dans les assemblées générales, dans le comité, et particulièrement au sein des commissions. C'était souvent de la fumée, mais le foyer était large, le feu ardent ; s'il n'est rien resté de ce torrent de belles paroles qui coulait de ses grosses lèvres enflées d'éloquence, les archives de la Société ont été du moins assez heureuses pour conserver quelques-uns de ses projets gigantesques, babyloniens, projets étonnants par leur vaste ensemble et par la ténuité des détails.

Nous donnerons plus loin un morceau considérable, tout écrit de sa main, intitulé le CODE LITTÉRAIRE. À notre avis, ce travail, complétement inconnu, comme tant d'autres élaborés par Balzac, est un chef-d'œuvre de logique, de déductions, un vrai chef-d'œuvre surtout par la science de la matière qu'il traite. Le filet est ourdi par les doigts d'un tisserand rompu à la finesse des poissons subtils qu'il veut prendre. Pas un n'échapperait. Seulement, on peut reprocher à ce projet de faire aux auteurs la part du lion : on nous permettra cette fois d'être de l'avis du lion.

Ce colossal travail de législation, sans précédents dans les annales littéraires, prouve en outre, par une absence presque totale de ratures et de surcharges, que Balzac n'avait pas la première rédaction aussi difficile, aussi pierreuse qu'on l'a trop constamment supposé, et comme il le prétendait, d'ailleurs, lui-même.

Il nous reste à dire, avant d'exposer ce CODE LITTÉRAIRE dans toute son étendue, la grande dispute de Balzac avec la *Gazette des Écoles*, dispute malsaine, qu'il convient de placer comme date entre le moment où il proposa le CODE LITTÉRAIRE et celui où la Société des gens de lettres fulmina un superbe MANIFESTE auquel il fut appelé à prendre part.

La dispute de Balzac avec la *Gazette* ou *Journal des Écoles*, — journal ou gazette, peu importe, l'un et l'autre ayant disparu, et disparu sans laisser sur la terre d'inconsolables regrets, — naquit d'un article attentatoire à l'honneur de l'écrivain, article dont la violence paraît aujourd'hui inexplicable sous un autre régime politique.

Ce journal publiait, pour le plus grand charme de ses lecteurs de la rue Saint-Jacques et de la place du Panthéon, des lithographies qu'il classait sous une légende déjà assez difficile à dire. Le dessin dont Balzac eut à se plaindre, et que nous avons en ce moment devant nous, le représente dans une cellule de Clichy, vêtu en robe de moine et assis à une table sur laquelle on voit deux bouteilles de vin et un long verre à Champagne. De sa main gauche il tient une pipe, — Balzac une pipe ! — qu'il est en train de fumer, et de son bras droit il entoure la taille d'une jeune femme ; jeune, sans doute, mais beaucoup trop laide pour faire absoudre à quelque degré celui à qui le lithographe se permet d'attribuer cette mensongère légèreté. Sous cette abominable débauche d'un crayon stupide, on lit quatre lignes, impossibles à faire passer entièrement du langage des lieux équivoques dans celui que veulent entendre les honnêtes gens. Après les avoir lavées trois fois à la chaux, nous ne donnons ici au lecteur que ce que la soude et le chlore ont désinfecté. Voici ces quatre lignes, réduites à deux par la chimie : « *Le révérend père dom Séraphitus mysticus Goriot, de l'ordre régulier des frères de Clichy,* mis dedans par tous ceux qu'il y a mis, reçoit dans sa solitude forcée les consolations de Santa Séraphita.

« *Scènes de la vie cachée, pour faire suite à celles de la vie privée.* »

Comment Balzac eut-il connaissance de cette insulte, lui si souvent en voyage, lui si souvent à la campagne ? Probablement un ami charitable, trop charitable, lui fit parvenir, — charmante attention, — le numéro où elle se trouvait. C'est toujours de cette manière que les choses arrivent à leur adresse. Si, sur l'enveloppe de chaque lettre qu'on écrit, — notez ceci avec douleur, — on mettait quelque chose d'offensant pour la personne destinée à la recevoir, il ne s'égarerait pas une seule lettre par année en France.

C'est par Balzac lui-même que j'appris en même temps et l'existence de l'article et l'existence du journal. On verra pourquoi j'ai eu plus tard, pourquoi j'ai encore aujourd'hui, un souvenir si exact des moindres particularités de cette méchante affaire, que Balzac retint avec des intentions de vengeance à faire reléguer les Borgia dans la dernière classe des âmes vindicatives. Jamais, il est vrai, la presse en France n'était allée aussi loin et aussi effrontément dans la voie des personnalités. C'était plaisir. On appelait alors cela l'*École Américaine*, comme en peinture on appelle certaines manières de composer avec énergie ou avec éclat, l'école de *Michel-Ange*, l'école du *Titien*. L'école américaine allait bien, très-bien, ma foi ! Beau style, belle couleur ; assassinats à la Rubens.

Nous touchions aux derniers jours du mois d'août de l'année 1839, je quittais la place Saint-Georges pour entrer dans la rue Bréda. Déjà je mettais le pied sur cette affreuse place qui s'appelle aussi Bréda, et qui a toujours l'air d'entrer dans des convulsions, tant elle prend des attitudes effrayantes et affecte des haut-le-corps insensés, quand je vis descendre du sommet de la rue, en compagnie d'un autre homme, Balzac, mais Balzac étrange d'aspect, rouge comme un sonneur de trompe le mardi gras, les joues inondées de sueur, les habits couverts d'une poussière blanche. Son compagnon était un homme gros comme lui, mais beaucoup moins grand, trapu, bien entripaillé, vêtu de gris des pieds à la tête, large chapeau blanc, souliers pris dans des guêtres blanches. Je crus voir deux poissons roulés dans la farine.

Le soleil d'août foudroyait en ce moment la place Bréda, et lui donnait une teinte carrières Montmartre tout à fait en harmonie avec les personnages blafards du tableau. Balzac ne me vit pas, tant il était tout entier à sa conversation, ou à son monologue, car je n'entendis d'abord que lui ; et lui, Balzac, disant vingt fois au moins par seconde le nom de l'homme côte à côte duquel il marchait. « Non, non ! monsieur Jacquin… disait-il. — C'est de toute impossibilité, monsieur Jacquin. — Vous n'êtes pas raisonnable du tout ! monsieur Jacquin. — Vous n'y songez pas, monsieur Jacquin ! — Ah ! monsieur Jacquin ! — Il faut en rabattre énormément, monsieur Jacquin. — Mais, monsieur Jacquin ! monsieur Jacquin ! où me conduiriezvous si je vous laissais faire ! — Pas de cela, monsieur Jacquin ! »

Au risque d'écraser une demi-douzaine de Jacquin, j'interrompis Balzac par mon salut et le fait de ma présence.

« Ah ! j'allais chez vous ! me dit-il en me prenant vivement par le bras sans pourtant lâcher celui de M. Jacquin ; cette lettre était pour vous, — il tira une lettre de sa poche, — dans le cas où je ne vous aurais pas rencontré. Vous savez ce qui m'arrive ?

— Je ne sais pas ce qui vous arrive. »

Balzac fut presque fâché de ma réponse ; il croyait déjà tout Paris au courant de l'événement dont il allait m'entretenir.

« Que vous arrive-t-il ? »

Avant de me répondre, Balzac reprit avec M. Jacquin :

« Voyons, petit père Jacquin, mon bon petit père Jacquin, vous mettez sur votre note, — je sais bien ce que je dis : — « *Enlèvement des terres et gravois provenant des fouilles et démolitions.* »

— Oui, monsieur de Balzac.

— Vous mettez ensuite sur cette note quarante voies à un cheval, soixante francs.

— Oui, monsieur de Balzac.

— Eh bien ! voilà, père Jacquin, ce que je ne tolère pas.

— Trente sous la voie à un cheval, quarante voies, cela fait bien soixante francs, monsieur de Balzac : soixante francs.

— Parbleu !

— Eh bien alors ?

— Mais je ne veux pas vous les payer trente sous la voie, farceur de père Jacquin. Jamais de la vie ! Voilà pourquoi cela ne fait pas soixante francs. »

Je compris alors que le père Jacquin était un maçon que Balzac faisait travailler aux *Jardies*, et je sus plus tard que lui et ce M. Jacquin sortaient ce jour-là de l'entrepôt d'un de ces nombreux marchands de plâtre en gros échelonnés autour des barrières au pied de la butte Montmartre, source de leur commerce et de leurs richesses.

Quittant tout à coup le fil de la conversation établie entre lui et M. Jacquin, Balzac me dit en sortant de sa poche un numéro de la *Gazette des Écoles* :

« Voyez, voyez cela. J'en aurai vengeance ! »

Il ouvrit ce journal d'assez vilaine apparence, et il reprit :

« Cela ne vous paraît-il pas infâme ?

— Je vous dis, monsieur de Balzac, que c'est le prix, le plus juste prix.

— Quel pays ! quel pays ! celui où l'on se permet, de sang-froid, pareilles abominations contre un homme.

— Faites régler mon mémoire, si vous ne m'en croyez pas.

— Qui vous parle de votre mémoire ! Qui donc s'occupe de votre mémoire ? »

Le père Jacquin devint magnifique de stupidité.

« Oui, c'est un peu vif, dis-je à de Balzac, car c'est vous évidemment qu'ils ont voulu faire là. Vous pourriez être plus ressemblant.

— Çà, M. de Balzac ! interrompit sans permission le père Jacquin. Laissez donc ! M. de Balzac n'est pas habillé en moine, M. de Balzac ne fume pas, M. de Balzac…

— Ce ne sont pas là des affaires où vous compreniez quelque chose, père Jacquin.

— Eh bien ! alors, je vous dirai, quant à l'enlèvement des terres, qu'il n'y a pas un sou à rabattre. Mais songez donc que les bêtes fatiguent horriblement dans ce temps-ci ; elles fondent sur leurs boulets.

— Elles fatiguent ! s'écria de Balzac, revenant brusquement aux terres enlevées et aux gravois, elles fatiguent pour aller jusqu'à la rivière qui est à quatre pas des Jardies !

— À quatre pas, à quatre pas… ça vous plaît à dire, monsieur de Balzac !

— Je vous donnerai vingt sous par voie : quarante voies, quarante francs, monsieur Jacquin.

— Ça n'est pas possible, monsieur de Balzac.

— Il est de la dignité du comité de la Société des gens de lettres de poursuivre cette affaire, continua de Balzac, laissant M. Jacquin se débattre au milieu de ses gravois ; j'investirai le comité de ma demande, il adressera une requête au procureur du roi, et l'honneur de la littérature sera vengé. Il le faut !

— Réfléchissez auparavant, dis-je à Balzac, réfléchissez.

— C'est tout réfléchi ! Quelle pitié aurait-on pour de pareils drôles ?

— Je ne m'occupe pas d'eux, mais de vous.

— Ne me trouvez-vous pas, par hasard, assez lésé dans ma considération personnelle ?

— Là n'est pas la question.

— Là est toute la question.

— N'allez-vous pas faire connaître, par tant de publicité, ce que tout le monde ignore ?

— Personne ne l'ignore ! »

Et Balzac frappa un grand coup sur l'épaule du père Jacquin, ce qui nous couvrit d'un beau nuage de plâtre.

« Ah ! voilà où je ne suis pas de votre avis, » repris-je.

Jacquin se mit à s'épousseter tranquillement.

« Vous ne croyez donc pas à ma grande notoriété ?

— J'y croirai tant que vous voudrez, mais ce n'est pas une raison pour que je vous conseille de faire une sottise.

— Une sottise ! Vous appelez une sottise le juste châtiment infligé à des misérables, à d'affreux gredins qui se jouent de ma réputation d'homme et d'écrivain. »

Nouveau coup sur l'épaule de Jacquin, nouveau nuage de poussière s'élevant de l'épaule de Jacquin.

« Mais si vous leur faites un procès, vous allez d'abord, dis-je de nouveau à Balzac, populariser l'existence de ce journal ; un procès lui dresse un piédestal ; un procès lui vaudra cinq cents abonnés. »

Jacquin recommença à s'épousseter avec le même calme, le calme du chien qui se lèche après avoir reçu un coup de pied de son maître.

« Ce procès lui vaudra l'infamie et la prison, répliqua Balzac.

— Ce n'est pas sûr ; les lois ne sont pas déjà si protectrices à cet endroit. Ce n'est pas sûr du tout !

— Ah ! vous voilà bien, me dit-il, je reconnais bien en vous le journaliste ! il ne faut jamais effleurer leur délicate peau devant vous. Allez ! vous êtes comme la caque, vous sentirez toujours le hareng : qui a été journaliste, le sera toujours. Tous ces coupe-jarrets de la grande et de la petite presse sont vos confrères.

— Vous allez loin… Tous, non ! Je n'ai pas qu'à me louer d'eux moi non plus… Vous allez bien loin.

— Mais non… je vous connais, vous dis-je ; le roi vous nommerait pair de France, — pair de France ! entendez-vous, — que vous vous lèveriez la nuit pour faire du journalisme contre quelqu'un ou contre quelque chose, contre le roi lui-même qui vous aurait nommé pair de France !

— Mettez-moi de côté, je vous prie. Voyons, que voulez-vous faire ?

— Je vous l'ai dit, un procès retentissant ! »

Troisième coup de poing plus terrible sur le dos de Jacquin, qui disparut cette fois dans le plâtre.

« Pardon, dit le père Jacquin, derrière le rideau de poussière qui le rend pour l'instant invisible, pardon, monsieur de Balzac ; que disons-nous pour terminer ?

— Nous disons, pour terminer, répondit Balzac, vingt sous la voie.

— Trente sous ! monsieur de Balzac.

— Vingt sous ! père Jacquin.

— Trente sous ! monsieur de Balzac.

— Mais donnez-lui donc vingt-cinq sous de sa voie de cheval, et terminez-en ou vous ne terminerez jamais, dis-je à Balzac. »

Je crus que Balzac me dévorerait.

« Vingt-cinq sous ! jamais ! Comme vous y allez ! mais vous ne connaissez pas le père Jacquin, c'est un filou, un voleur ; il compte sur son importunité, il compte sur ma lassitude ; il compte sur tous les mauvais sentiments pour me voler des pieds à la tête,

— Ah ! monsieur de Balzac, ça vous plaît à dire.

— C'est un journaliste, reprit Balzac, en matière de gravois. Tenez, crachons-nous toutes nos vérités à la face, père Jacquin ; vous ne chargez pas même vos tombereaux à moitié quand vous emportez les démolitions et les gravois. Donc, quarante voies, c'est vingt voies, et encore ! et encore ! Il y aurait, je gage, de la place pour la grosse madame Jacquin dans le tombereau, quand vous le dites plein, si elle voulait y prendre place. Conséquemment, quand je paye quarante voies, je ferme les yeux,

— Ah ! pour ça non, bigre ! vous les avez bien trop ouverts. Une fois, deux fois, et pour être agréable à monsieur, dit Jacquin en me regardant, ça sera vingt-trois sous.

— Nous verrons ça demain, répondit Balzac, mais je ne promets rien. Vingt-trois sous !

— Viendrez-vous là-bas ?

— Oui, je verrai où en sont les fouilles, et je jaugerai les tombereaux.

— C'est votre droit, monsieur de Balzac, vous jaugerez. Adieu donc ! à demain !

— À demain, père Jacquin ; sept heures, premier convoi.

— Oui, à la fraîche ! monsieur de Balzac ! »

Le père Jacquin s'éloigna et Balzac et moi descendîmes alors vers le boulevard.

La conclusion de notre entrevue fut ceci : il m'écrirait dans la soirée une lettre contenant sa plainte contre le *Journal des Écoles* ; je me chargerais de la lire le lendemain au comité ; le comité prendrait ensuite telle résolution qui lui paraîtrait le plus convenable dans l'intérêt blessé de l'un de ses membres.

Le lendemain, en effet, je lus au comité une lettre que Balzac m'avait écrite dans la soirée de la veille, ainsi que nous en étions convenus.

On va voir, par le procès-verbal même de la séance, quels furent les résultats de ma démarche en faveur de Balzac.

On lit ceci au procès-verbal :

« M. Léon Gozlan donne lecture d'une lettre que lui a écrite M. de Balzac, et par laquelle il se plaint de la publication d'une gravure faite par la *Gazette des Écoles*, avec un texte qui contient des énonciations outrageantes et diffamatoires. M. de Balzac réclame l'intervention du comité auprès de M. le procureur du roi de Paris.

« Le comité, après en avoir délibéré, décide qu'une démarche sera préalablement tentée auprès du gérant du journal les *Écoles*, par deux de ses membres, pour obtenir par les voies amiables les réparations qui sont dues à M. de Balzac ; et, dans le cas où cette démarche serait infructueuse, il en sera donné avis officiellement par lettre à M. de Balzac, qui suivra alors l'affaire comme bon lui semblera et qui fera de la lettre l'usage qu'il voudra.

« Messieurs Cauchois Lemaire et David sont désignés pour les démarches à faire auprès du gérant du *Journal des Écoles*. »

Les démarches faites par ces deux membres du comité auprès du *Journal des Écoles* furent si loin d'être satisfaisantes, que le comité adressa la lettre suivante au procureur du roi :

Paris, ce 31 août 1839.

À M. le procureur du roi près le tribunal civil de première instance de la Seine.

« Monsieur le procureur du roi,

« Le comité de la Société des gens de lettres, dont le devoir est de protéger l'honneur de chacun des membres de la Société plus encore que leurs intérêts, se voit forcé, par la gravité toute exceptionnelle du cas, d'appeler votre attention sur le délit de calomnie et d'outrage que renferme la lithographie ci-jointe, publiée avec le numéro 40 du *Journal des Écoles*. Outre la ressemblance grossière qu'offre le dessin, l'inscription mise au bas désigne trop clairement M. de Balzac, pour que personne puisse se méprendre sur l'intention diffamatoire qu'ont eue les auteurs de cette publication. Nous devons encore vous faire observer, monsieur, qu'indépendamment de son caractère injurieux et obscène, le texte contient une calomnie, en faisant entendre que M. de Balzac a été incarcéré pour dettes. M. de Balzac se trouve ainsi blessé à la fois dans son honneur et dans ses intérêts. En conséquence, nous vous prions de vouloir bien livrer à la justice des tribunaux les auteurs et les complices du délit.

« Agréez, monsieur le procureur du roi, etc… »

Suivent les signatures des membres du comité.

Pour que cette pièce fût légalement formulée, il fallait que Balzac l'appuyât lui-même de sa plainte, ce qu'il fit. Nous donnons ici le texte de cette plainte.

Paris, le 1er septembre 1839.

À M. le procureur du roi en son parquet.

« Monsieur,

« Je sais que le comité de la Société des gens de lettres a dû vous dénoncer un fait de diffamation grave, commise envers moi, en vous transmettant le corps du délit, mais, comme vous ne seriez pas suffisamment saisi, j'ai l'honneur, monsieur le procureur du roi, de me porter par cette lettre partie plaignante auprès de vous et partie civile. M. Benazet, avoué de la Société, sera constitué et fera les diligences nécessaires.

« Trouvez ici, monsieur le procureur du roi, l'expression de mon profond respect.

« DE BALZAC. »

Ni cette lettre, que je copie d'après l'original, ni celle du comité, que je copie pareillement d'après l'original, ne furent envoyées au parquet du procureur du roi, qui, par conséquent, n'eut jamais connaissance de l'affaire. Balzac demanda quelques jours de réflexion avant de recourir à cette mesure extrême ; il alla les passer je ne sais plus où ; les semaines s'écoulèrent ; le sang-froid revint ; et il finit par où il aurait dû commencer s'il avait suivi mes conseils, c'est-à-dire par ne rien faire du tout. L'affaire tomba à l'endroit le plus profond de l'océan de l'oubli, bien digne, celui-là, d'être appelé pacifique.

M. Jacquin, cet excellent M. Jacquin, eut-il vingt-trois sous de sa voie à un cheval, pour l'enlèvement des démolitions et gravois ? Ce n'est pas nous qui le dirons ; à cet égard notre ignorance demeure complète.

DEUXIÈME PARTIE

Nous avons promis le *Code littéraire* conçu par Balzac lorsqu'il faisait encore partie de la *Société des gens de lettres*, où une colère, ainsi qu'on l'a vu, l'avait introduit, et d'où une colère, ainsi qu'on le verra plus loin, l'écartera pour toujours.

Après avoir donné ce travail monumental, nous mentionnerons la part qui lui revient dans le *Manifeste*, œuvre collective sur laquelle il promena inutilement sa plume créatrice, et nous aurons indiqué les traces à peu près complètes du passage de Balzac à la *Société des gens de lettres*.

Dès que nous serons sortis avec lui de cette compagnie, terre rebelle alors qu'il remua dans tous les coins sans parvenir à la féconder, nous le suivrons de nouveau à la conquête de la gloire dramatique, vers laquelle il s'élancera, plus hardi que jamais, après un repos de deux années d'impatience. Cette seconde campagne nous assure des émotions toutes nouvelles en nous rendant le Balzac des grands jours de *Vautrin*. *Quinola* même primera *Vautrin* de toute la différence qui existe entre le soldat enthousiaste, courant aveuglément au feu pour la première fois, et le soldat vaincu, blessé, mutilé, irrité, voulant sa revanche. Mais d'abord le *Code littéraire*.

CODE LITTÉRAIRE PROPOSÉ PAR DE BALZAC

Mai 1840

TITRE PREMIER

Des contrats littéraires.

1. — Les membres de la Société des gens de lettres s'engagent à ne plus passer de contrats ni de marchés relatifs à la première publication de leurs œuvres, sans que l'acte n'ait été communiqué à l'agent de la Société. Tous les contrats de ce genre devront être faits triples, et l'un des triples déposé aux archives. Ils seront tous soumis aux règles du droit littéraire exprimées ci-après.

2. — La cession d'une œuvre littéraire quelconque ne s'entend que d'une édition, à moins de stipulations contraires expresses.

3. — À moins qu'une œuvre littéraire n'ait été vendue absolument sans aucune réserve, toute édition, à quelque nombre qu'elle ait été faite, sera censée épuisée *dix ans* après sa publication, et l'auteur rentrera dans tous ses droits.

4. — Pour être absolue, la vente d'une œuvre littéraire quelconque doit être enregistrée et contenir la renonciation formelle par l'auteur à tous ses droits.

5. — La livraison d'un manuscrit faite par l'auteur à l'éditeur pour l'imprimer ne constitue pas à l'éditeur un droit de propriété sur ce manuscrit, à moins de conventions expresses.

6. — Dans le cas de perte d'un manuscrit livré, soit qu'elle provienne par le fait de l'imprimeur ou par le fait de l'éditeur, l'éditeur ou l'imprimeur sont solidairement responsables envers l'auteur, dans le cas où l'œuvre n'aurait pas

été cédée absolument, et l'indemnité ne se confondrait pas alors avec le prix reçu.

7. — Le nombre d'exemplaires auquel se tirera l'édition d'un livre devra être exprimé par un chiffre exact, sans qu'il puisse en être tiré aucun exemplaire sous aucun prétexte, soit pour l'auteur, soit pour les journaux, soit pour les treizièmes, soit pour les mains de passe ; ces exemplaires dits gratis donnant lieu à des abus, il est plus simple d'adapter le prix de l'exemplaire au nombre destiné à la vente.

8. — Tout exemplaire tiré en sus du nombre déterminé sera payé deux fois le prix marqué à l'auteur, à titre d'indemnité.

9. — Chaque exemplaire devra porter indication du prix, soit au titre, soit sous l'indication du nom de l'imprimeur.

10. — L'éditeur n'aura pas le droit de changer ce prix par augmentation.

11. — La publication d'une œuvre littéraire quelconque dans un ouvrage collectif, dans un recueil périodique, ou dans un journal, n'emporte la propriété de cette œuvre pour l'éditeur de l'ouvrage collectif, du recueil périodique ou du journal, que dans le cas où il aurait un contrat enregistré où l'abandon de cette œuvre lui serait fait par l'auteur.

Ce cas excepté, tous les membres de la Société des gens de lettres rentreront absolument dans tous leurs droits, deux mois après la publication du dernier fragment de l'œuvre publiée, à moins de stipulations qui leur permettent de rentrer plus promptement dans leurs droits.

12. — Tout contrat par lequel un membre de la Société des gens de lettres s'engagerait à travailler pour plus de trois années consécutives au profit d'un éditeur, en stipulant un prix par volume ou par feuille, et lui en abandonnant la toute propriété, sera nul. Dans le cas de plainte du membre de la Société qui aurait fait un semblable contrat et à l'insu de l'agent, le comité poursuivra

l'annulation du contrat devant les tribunaux, en s'armant de la législation sur la lésion. Sont exceptés : 1º les contrats communiqués à l'agent et relatifs à des ouvrages collectifs comportant douze volumes à deux colonnes et au delà ; 2º les contrats relatifs aux journaux.

13. — Tout rédacteur de journal qui, pendant dix années consécutives aura fait dans un journal plus de quarante articles par an, devra obtenir une pension alimentaire qui ne sera pas moindre de douze cents francs. En cas de refus par les propriétaires, le comité prendra des mesures nécessaires pour les y contraindre.

14. — Tout rédacteur de journal qui aurait donné lieu à trois jugements emportant le blâme, ou à deux jugements emportant condamnation, perdrait l'appui de la Société relativement à l'obtention de sa pension alimentaire.

15. — Cette pension ne serait demandée que dans le cas où le rédacteur n'aurait pas à lui douze cents francs de rente.

TITRE DEUXIÈME.

Des payements, Engagements à terme, Faillites et Refus de livrer.

16. — La vente d'un manuscrit à faire, consentie par un homme de lettres à un éditeur, ne constitue pas une opération commerciale, mais une opération aléatoire, et l'éditeur, par ce fait, est soumis à toutes les chances que présentent les facultés de l'auteur et le trouble de ces facultés. Si l'éditeur a fait des avances de fonds à l'auteur et que l'auteur ne puisse faire l'œuvre promise, l'éditeur n'a droit qu'à la restitution des sommes avancées et à leur intérêt depuis le jour du payement effectif. Dans le cas où il y aurait eu commencement

d'exécution, d'impression, il y aurait lieu à indemnité. Dans les deux cas, l'éditeur, si l'auteur ne le remboursait pas du montant des condamnations, aurait un privilége sur les propriétés de l'auteur.

17. — Toute vente de propriété absolue devant, aux termes de l'article premier, être communiquée à l'agent, le privilége accordé par un auteur ou obtenu sur un auteur en vertu d'un jugement, résultera d'un acte consenti par lui, enregistré et déposé à l'agence, où il sera tenu un registre *ad hoc*. Chaque privilége s'exercera par ordre, et entièrement, en sorte que chaque somme soit intégralement payée avant de passer à une autre. Les sommes privilégiées ne pourront jamais porter intérêt.

18. — Le payement d'un prix d'œuvre littéraire, fait en billets, n'oblige l'auteur à livrer son œuvre qu'après le payement intégral des billets requis. Un seul protêt suspend l'exécution du contrat. Le défaut de payement annulera toujours le contrat.

19. — Dans le cas où un éditeur viendrait à faillir après la livraison d'une œuvre littéraire quelconque, et que cette œuvre serait imprimée entièrement ou partiellement, et même confectionnée, l'auteur est privilégié pour son prix sur les exemplaires. En quelques lieux qu'ils soient, il a droit de les saisir, soit chez l'imprimeur, soit chez le satineur, soit chez le brocheur, ou même chez un tiers, si l'éditeur en mettait en dépôt une grande quantité d'exemplaires. Ce privilége primera celui des confectionneurs divers qui s'en seraient attribué, mais dans le cas où l'auteur leur aura dénoncé le non-payement de son prix. Les stipulations nécessaires à assurer l'exécution de ce privilége devront être insérées dans tous les traités, et seront communiquées aux confectionneurs divers d'un livre.

20. — Un éditeur ne pourra vendre un livre en bloc, sans donner une garantie à l'auteur, au cas où il y aurait encore des billets à payer pour le prix, au moment de cette vente. Faute de garantie, l'acquéreur de l'édition serait garant envers l'auteur du restant du prix.

21. — Tout auteur qui, sans prétexte plausible, ne livrerait pas à un éditeur un manuscrit prêt, ou retarderait les bons à tirer d'un ouvrage, hors de toute mesure, sera passible de dommages-intérêts.

22. — Tout éditeur qui publierait un livre sans le bon à tirer de l'auteur sera passible de dommages-intérêts.

23. — À moins de stipulations contraires, toutes les corrections et frais généralement quelconques auxquels donnent lieu la confection et la mise en vente d'une œuvre quelconque, sont à la charge des éditeurs.

24. — Sera exclu de la Société des gens de lettres, tout membre qui aura vendu le même ouvrage à deux éditeurs différents, quand même il l'aurait déguisé sous des titres dissemblables.

25. — Tout membre de la Société qui, par une contrefaçon plus ou moins bien déguisée, vendrait à un éditeur comme son œuvre, un livre, une collection ou une œuvre quelconque d'un auteur mort, sera passible : 1° de la restitution du prix, au cas où l'éditeur aurait vendu la moitié de l'édition ; 2° de la restitution du prix et de dommages-intérêts, dans le cas où le livre ne se vendrait point. L'éditeur n'aurait aucune action dans le cas où cette fraude littéraire aurait été commise de concert avec l'auteur.

26. — Tout éditeur qui aurait publié, sans aucun traité écrit, l'œuvre d'un auteur, sera tenu de le considérer comme propriétaire, et en l'absence de toute convention écrite, l'auteur aura le droit de publier son œuvre concurremment avec l'éditeur.

27. — Tout éditeur sera tenu, à peine de dommages-intérêts, de remplir, au nom de l'auteur, les formalités nécessaires pour assurer la propriété littéraire, même quand cet éditeur serait propriétaire absolu du livre.

28. — Quand un éditeur aura acheté une œuvre faite, il ne pourra, sous aucun prétexte, se refuser à la publier dans les six mois qui suivront la date du

contrat, à moins que l'ouvrage n'ait plus de quatre volumes. S'il s'agissait de publier un ouvrage en alléguant un danger judiciaire, il perdra le prix payé, et l'auteur rentrera dans son ouvrage. S'il s'agissait d'un ouvrage promis et dont il n'a pu prendre connaissance qu'après le payement du prix, l'auteur sera tenu à la restitution du prix, et la perte qui résulterait d'un commencement d'exécution serait supportée par moitié.

29. — Le droit de faire des gravures, vignettes et embellissements à une œuvre littéraire appartient à l'auteur, à moins de stipulations contraires. Nul n'a le droit de faire le portrait de l'auteur sans son consentement.

30. — Le droit de publier une œuvre littéraire quelconque a deux phases : 1º celle de la première édition à laquelle s'appliquent les dispositions ci-dessus, et qui excluent de droit la faculté de vendre l'exploitation de l'œuvre vendue à d'autres, sous d'autres formats, à moins de stipulations contraires ; 2º celle des éditions postérieures, pendant laquelle l'auteur pourra vendre encore à plusieurs éditeurs, sous différents formats, et même sous le même format, illustré ou compacte. Si cinq ans après la première publication de ses œuvres, un auteur en cède une nouvelle édition, il conservera le droit de l'exploiter sous les formats autres que celui de l'édition cédée, à moins de stipulations contraires. Mais, pour en transmettre le droit à un autre éditeur dans le format cédé, il sera nécessaire que la réserve de ce droit soit exprimée au contrat.

31. — L'éditeur qui acquiert le droit de fabriquer et de vendre l'édition d'une œuvre littéraire n'a pas le droit d'en vendre séparément un fragment, à moins que ce droit ne lui ait été concédé.

32. — Dans aucun cas, même dans le cas où l'éditeur est substitué à l'auteur d'une manière absolue, il n'a le droit de fractionner l'œuvre, de l'altérer, d'en supprimer des portions. L'œuvre doit rester ce que l'auteur l'a faite. Dans le cas où l'éditeur aurait falsifié, altéré, démembré une œuvre acquise d'une manière absolue, interverti l'ordre des matières, il serait passible de dommages-intérêts.

Dans le cas où, sous prétexte de perfectionner son œuvre, l'auteur l'altérerait à dessein, l'éditeur porterait le différend à la juridiction du comité.

33. — Tout membre de la Société des gens de lettres qui publiera son premier ouvrage a le droit de se faire assister de l'agent central et de requérir au besoin les lumières du comité pour ses stipulations d'intérêt seulement.

TITRE TROISIÈME.

De la collaboration.

34. — Nul n'est tenu de rester dans l'indivision littéraire.

35. — L'intérêt moral étant immuable et satisfait par la réunion des noms des auteurs d'un livre fait en commun, il leur sera loisible de séparer leurs intérêts pécuniaires.

36. — La propriété de l'œuvre appartenant à deux ou plusieurs auteurs sera licitée entre eux par-devant le comité, en sorte que la propriété en restera au plus offrant. Il sera dressé procès-verbal de l'adjudication, et l'adjudicataire en sera propriétaire au même titre qu'un éditeur qui l'aurait achetée absolument. Le procès-verbal lui tiendra lieu de contrat et restera aux archives.

37. — Au cas où, pendant l'exécution d'une œuvre entreprise en commun, les collaborateurs auraient des différends, le litige sera soumis au comité.

38. — Dans le cas où, pendant l'exécution d'un ouvrage entrepris en commun, l'un des collaborateurs viendrait à décéder, ses héritiers n'auraient d'autres droits que ceux qu'entendraient leur concéder les collaborateurs survivants.

39. — Il n'y a de priorité pour l'idée d'une œuvre quelconque que pour celui qui en a vendu le titre par un acte enregistré, par la déclaration de l'imprimeur à

l'administration, selon les règlements, ou par des preuves écrites, accompagnées de preuves testimoniales. Dans ces cas, quiconque s'emparerait de la pensée d'une œuvre serait passible de blâme et de dommages-intérêts, au cas où il aurait nui au vrai propriétaire.

40. — La collaboration ne résulte que d'une convention expresse faite entre deux auteurs de coopérer selon leurs forces ou dans des proportions données, à une œuvre déterminée. Elle doit s'établir par lettres réciproques. La collaboration prétendue, sans preuves matérielles ou sans conventions écrites, ne sera pas admise.

41. — Quiconque aura vendu l'œuvre de son collaborateur à l'insu de celui-ci pourra être, sur la plainte de son collaborateur lésé, exclu de la société. Il sera exclu absolument s'il a touché le prix de l'œuvre.

42. — Lorsqu'une idée aura été fécondée par deux auteurs et qu'ils ne s'entendront pas sur l'exécution, ils pourront la traiter chacun de leur côté, mais seulement après avoir fait une déclaration au comité, faute de quoi, le premier publicateur aurait le droit de traduire le second par-devant le comité.

TITRE QUATRIÈME.

Des plagiats non prévus par le Code civil.

43. — Le fait de traduire le sujet d'un livre ou d'une œuvre littéraire quelconque en pièce de théâtre, et réciproquement, celui de traduire le sujet d'une pièce de théâtre en livre sans le consentement exprès et par écrit de l'auteur, constitue un plagiat.

44. — Dans ce cas, l'auteur primitif a droit au tiers de tous les bénéfices que procurera l'œuvre du plagiaire.

45. — Le plagiat n'a lieu qu'entre les auteurs vivants : les héritiers d'un auteur ne sont pas admis à la plainte. Un auteur étranger n'est admis à exciper du plagiat que dans le cas où la constitution de son pays donne le droit à un auteur français à se faire faire réparation dans ce pays.

46. — Quiconque sera frappé de trois jugements pour fait de plagiat sera exclu de la Société.

47. — Tel travail littéraire pouvant enlever le plagiat, l'action d'un plaignant n'aura lieu devant le comité qu'après le rapport d'une commission disant qu'il y a lieu d'admettre la plainte. Ce rapport n'engage pas l'opinion du comité ni son jugement à intervenir.

48. — La bonne foi résultant d'une rencontre est admise sans preuves et témoignages.

49. — Un titre de livre ou de pièce est une propriété littéraire aussi bien qu'un pseudonyme. Le plagiat du titre ou du pseudonyme donne lieu à des dommages-intérêts, mais à la charge par le plaignant de s'être conformé aux dispositions indiquées.

50. — Le fait d'un plagiat partiel qui ne dépasse pas la vingtième partie d'un ouvrage donne lieu au blâme.

51. — Les citations exagérées rentrent dans les dispositions du Code civil relatives aux contrefaçons.

52. — Il n'y a pas plagiat lorsque ce qui cause l'action du plaignant est un fait public, ancien ou contemporain.

53. — Quand une action en plagiat devra être dirigée contre un homme de lettres ne faisant pas partie de la Société, il aura le droit de réclamer l'adjonction d'un nombre d'arbitres désignés par lui égal à celui des membres des comités qui siégeront.

TITRE CINQUIÈME.

Des traductions.

54. — Tout auteur étranger aura, sur la traduction de son ouvrage en France, les mêmes droits que la législation de son pays attribuerait à un auteur français dans ce pays sur la traduction de ses œuvres.

55. — Toute traduction faite en France, dans une langue étrangère, de l'œuvre d'un membre de la Société, sera poursuivie par le comité comme une contrefaçon.

TITRE SIXIÈME.

Des attaques contre les gens de lettres.

56. — Attribuer à un auteur des actes, des écrits ou des paroles qui ne sont pas de lui et auxquels il est étranger, constitue la diffamation littéraire. Quiconque, dans le but de ridiculiser un auteur, lui attribue des mots, des actes ou des faits faux, pourra être blâmé ou condamné à des dommages-intérêts envers cet auteur. Le ridicule entraîne une condamnation à la même peine. En cas d'une troisième récidive, le membre de la Société sera exclu et poursuivi, aux frais de la Société, devant les tribunaux.

57. — Tout auteur de critique n'a droit que sur les œuvres ; il ne doit, ni par insinuation ni par allusion, entrer dans le domaine de la vie privée, ni s'occuper des intérêts matériels d'un homme de lettres. Au cas où un auteur d'articles critiques, de feuilletons, ou journaliste porterait ainsi atteinte à l'honneur, à la

considération d'un membre de la Société, il serait procédé contre lui comme en l'article précédent.

58. — Il est interdit, à moins de consentement, de faire la biographie d'un auteur vivant. Tout fait de ce genre sera, sur la plainte du membre attaqué, poursuivi devant les tribunaux, si l'auteur n'accepte pas la juridiction du comité, dans le cas où il ne serait pas membre de la Société.

59. — Quand les rédacteurs d'un journal ou recueil périodique auront donné lieu à trois jugements pour fait de ce genre, ce journal ou recueil sera mis en interdit par le comité, qui sera tenu de le poursuivre devant les tribunaux pour tous les faits nouveaux.

60. — Le nom d'un auteur est une propriété. Prendre le nom d'un auteur et le supposer collaborateur d'un recueil périodique, ouvrage collectif ou journal, sans son consentement écrit, constitue un délit qui sera jugé par le comité, quand la supposition de la collaboration aura été faite par un membre de la Société, et que le comité devra faire poursuivre devant les tribunaux s'il est commis par un éditeur ou tout autre spéculateur.

61. — Attribuer à un auteur un article, une œuvre imprimée quelconque, d'où il peut résulter un dommage ou une déconsidération quelconque, est un fait pour lequel un homme de lettres devra être exclu de la Société.

62. — La bonne foi ne sera jamais admise quand il s'agira de la publication d'un fait faux portant atteinte à la considération, à l'honneur ou à la moralité d'un homme de lettres.

Ici finit ce fameux *Code littéraire*, véritable modèle du genre, qu'il faudra suivre ou imiter dans beaucoup de parties, lorsqu'on pensera sérieusement à organiser, sur des bases fixes, la propriété en littérature. On regrette de voir circuler à travers ce solide tissu réglementaire et disciplinaire, qui ne laisse rien tomber de son enveloppe, la haine furibonde de Balzac contre sa bête noire, le journalisme. On écrirait les noms des éditeurs, qu'il veut garrotter et museler, et les noms, tout aussi saillants, des journalistes, qu'il ne peut poignarder, dans chacun des nombreux articles de ce code rouge. Ce sont, pour ainsi dire, les Mémoires de Balzac sous une forme législative. On sent tout le désespoir qu'il éprouve à ne pas pouvoir appliquer immédiatement, à l'épaule de ses ennemis, les articles dont il fait chauffer à blanc chaque phrase, chaque lettre infamante.

Cette haine égara Balzac ; elle le troubla ; haine sanguine, qui ne fut ni juste ni adroite. Elle ne fut pas juste, parce qu'il n'avait pas raison de se révolter à ce point contre les avis infiniment plus mesurés de la critique, dont les droits ne sont plus à discuter ; elle ne fut pas juste parce qu'elle l'entraîna à des violences contre des hommes d'une honorabilité parfaite, et d'ailleurs tout à fait hors de toute atteinte par leur talent et leur popularité ; elle ne fut pas juste parce qu'il devait, plus que personne, de la reconnaissance à la presse, dont il venait percer les pieds et les mains avec une brutalité de sauvage ; enfin, cette haine ne fut pas adroite, puisqu'elle fut sur le point de lui faire tomber du front l'auréole de sa gloire, gloire réelle, gloire forte, qui depuis sans doute a recouvré son éclat et sa solidité, mais qui a perdu pour toujours, depuis ce moment, la sérénité des grandes gloires, éternellement calmes au milieu des tempêtes. Il oublia qu'il était planète ; il ne fut plus qu'une comète échevelée. Aussi il erre encore.

En 1841, Balzac faisait partie, dans le comité de la Société des gens de lettres, d'une commission désignée sous le titre de *Commission des relations officielles*. Cette commission, née du souffle vivace et organisateur de Balzac, fut chargée de rédiger un grand travail, où elle dirait la situation de la littérature française ; ses droits à être considérée comme une puissance dans l'État, à cause des services rendus par elle dans tous les temps ; le peu de protection, et même de bienveillance qu'elle rencontrait dans le gouvernement d'alors ; les dangers et la honte pour la France de ne pas changer un tel état de choses.

Il était dans les intentions de la Société des gens de lettres de tirer ce manifeste à un nombre considérable d'exemplaires, de le remettre aux deux Chambres et de le répandre ensuite à profusion.

Comme il importait que ce manifeste fût aussi irréprochable dans le fond que dans la forme, le comité décida qu'il serait confié aux longues méditations d'une commission d'élite. Elle fut composée, entre autres membres, de MM. Victor Hugo, Louis Desnoyers, François Arago, Merruau et de Balzac. M. Merruau présenterait d'abord un canevas ; le comité le ferait ensuite imprimer sur placards ; puis sur les marges spacieuses de ces placards, chaque membre du comité, et non pas seulement de la commission, écrirait ses doutes, ses réflexions, ses observations critiques, sans négliger d'indiquer les améliorations qu'il jugerait convenable d'introduire dans la rédaction. Après dix-huit mois environ de délais, de remises, de rendez-vous pris sans résultats, la commission des relations officielles n'avait encore rien produit, rien fait, rien ébauché. Il est vrai qu'un incident vint tout à coup arrêter le mouvement déjà si lent de la commission ; incident bizarre à noter dans la marche carnavalesque des événements humains. Le rédacteur chargé de faire le canevas de ce projet ayant été nommé secrétaire particulier d'un ministre, premier échelon d'une fortune qui n'a cessé de s'élever depuis, ne voulut plus ni continuer son travail préparatoire, ni même le rendre tel qu'il pouvait être au comité. Celui-ci se vit un instant dans un étrange embarras, par suite de la circonspection, bien naturelle au fond, où se trouva emprisonné un écrivain qui, d'abord, purement officieux, devenait tout à coup un personnage officiel. Il fallut presque employer la violence pour rentrer dans la prose de l'honorable membre de la commission du manifeste. Enfin, le canevas de ce manifeste fut déposé sur le bureau. Vite, on l'imprima à trente ou quarante exemplaires *sur épreuves*, et ces épreuves, — quelques-unes en notre possession, — durent être, d'une part, discutées, développées par la commission, de l'autre annotées par les membres du comité, auxquels on les fit passer, avec prière de les couvrir en marge de leurs observations.

Il commence ainsi :

« La France est guerrière et lettrée. C'est là son « caractère spécial. Glorieuse par les armes en temps de guerre, glorieuse par les lettres en temps de paix, elle ne combat que pour enseigner ; elle porte ses idées avec elle dans la victoire, et les laisse même après la défaite, au cœur des pays qui ont repoussé ses soldats. »

Le manifeste, poursuivant sa route pompeuse, se termine ainsi, après douze colonnes immenses sur placards.

« En résumant nous dirons que la France a dû, tour à tour, aux lettres et aux armes la suprématie qu'elle a obtenue en Europe. Et que fait cependant son gouvernement pour ce qui lui donne tout son éclat aux yeux des nations étrangères ? Rien ! nous nous trompons. Tant qu'un écrivain est obscur, il l'abandonne, le laisse se débattre seul contre toutes les angoisses d'un début. Dès qu'il est devenu célèbre, il le persécute ou essaye de le corrompre. En retournant le mot de César, nous dirons au gouvernement : si la littérature n'est pas pour vous, elle sera contre vous. Choisissez ; et n'oubliez pas ces deux phrases célèbres : L'opinion est la reine du monde ; et la littérature est l'expression de la société. »

C'est donc sur la vaste toile de ce manifeste, dont nous venons de détacher deux échantillons, que Balzac brûlait de grouper ses idées et celles des membres de la commission et du comité. Vœux magnifiques : mais aux lenteurs du secrétaire s'ajoutaient maintenant celles de tout le monde. Le comité ne faisait rien, la commission non plus ne faisait rien. Balzac se dévorait le sang d'impatience. Il écrivit ceci à l'agent central :

« Mon cher monsieur Pommier,

« Ne serait-il pas bien important que vous fissiez savoir aux membres du comité les plus dévoués de se trouver exactement mardi à deux heures (Merruau, Hugo, David, Lacroix, Cellier, Pyat, etc.), car avec le désir de finir et de corriger promptement, le manifeste paraîtrait, et il y a urgence. Quant à moi, j'y viendrai à deux heures sonnant. J'ai travaillé sur l'épreuve, et il faudrait que chacun arrivât avec ses réflexions.

« Mes compliments,
                                  « DE BALZAC. »

Vint-on ou ne vint-on pas à la commission, je l'ignore, mais je suis certain que Balzac lui-même commença singulièrement à se refroidir quelque temps après, et à se refroidir au point d'abandonner bientôt la partie, ainsi qu'on va le voir par la lettre suivante qu'il écrivit à l'agent central et que nous copions d'après l'original même. Ce modèle achevé d'exaltation peint Balzac au vif. Il n'existe rien de lui qui dise mieux que cette lettre sa fièvre d'organisation. Vingt volumes d'analyse anatomique ne le disséqueraient pas aussi bien.

La lettre est adressée à la commission même des relations officielles.

« Messieurs,

« Il m'est impossible d'aller lundi ou tout autre jour de cette semaine à la commission, car je serai absent pour huit jours, mais j'ai maintenant sur ce qu'on nomme le *Manifeste*, une opinion arrêtée et mûrie. Je suis d'avis de cesser, comme commission, ce travail, et de demander l'ajournement à trois mois ; voici mes raisons.

« 1º Je désirerais que l'écrit fût adressé au Roi, ce qui rendrait la chose plus grave, le langage d'une respectueuse audace ;

« 2º Que toutes les questions y fussent traitées d'une manière générale d'abord grief par grief, mais ensuite en entrant dans la question jusques au vif, aux choses et aux intérêts, en y mêlant des faits *statistiques* venus de sources qui les rendissent frappants pour les gens d'affaires des chambres ;

« 3º Qu'il n'y eût pas d'autres conclusions que celles-ci :

« Demander l'exécution de la législation par une loi nouvelle du décret sur les prix décennaux, ainsi modifiés :

« Un prix de *cent mille francs* pour la plus belle tragédie ;

« *Idem* pour la plus belle comédie ;

« *Idem* pour le plus bel opéra (paroles et musique) ;

« Un prix de cinquante mille francs pour le plus beau drame des scènes inférieures ;

« Un prix de cent mille francs pour le plus beau roman ;

« Un prix de cent mille francs pour le plus beau livre de philosophie chrétienne ;

« Un prix de cent mille francs pour le plus beau travail de recherches archéologiques, ou linguistiques ou de comparaison transcendante de diverses méthodes ou de faits historiques et scientifiques, afin de récompenser les créateurs philosophiques ;

« Deux cent mille francs pour le plus beau poëme épique ou demi épique ;

« Ne rien demander pour l'histoire, qui a une fondation suffisante, — ni rien pour les ouvrages utiles aux mœurs, qui ont le prix Monthyon ;

« Demander que l'Académie française soit juge, — qu'elle ne puisse diviser les prix, — que si elle ne trouve point d'œuvre digne du prix, qu'elle le joigne à celui d'une nouvelle période de dix années jusqu'à ce que l'œuvre soit produite ;

« Que les honneurs accordés aux pairs de France soient également accordés aux membres de l'Institut ;

« Que les soixante-cinq mille francs de rentes nécessaires à ces prix soient donnés à l'Académie par une fondation, afin que l'exécution de la loi ne soit point un caprice des régimes ou des législatures, quitte au gouvernement à diminuer d'autant l'allocation annuelle qu'il demande aux Chambres pour les lettres ;

« Enfin, que les places littéraires, telles que bibliothèques, etc., ne puissent être données qu'à des littérateurs, âgés de quarante ans, depuis dix ans dans les lettres, et sur une liste de dix candidats présentés par l'Académie française, et qu'on ne puisse être destitué que par suite d'un jugement encouru ;

« Que la distribution des prix décennaux soit l'objet d'une fête solennelle ;

« Que le poëte qui aura remporté le prix de poëme épique soit désigné candidat pour l'Académie ;

« Que celui qui aura deux fois remporté le prix de la tragédie — ou de la comédie, — soit candidat désigné à l'Académie, — et musicien de l'opéra, désigné candidat à l'Institut.

« J'irai au comité expliquer mes motifs si vous adoptez mes idées ;

« Agréez, messieurs, l'expression de mes sentiments les plus affectueux et distingués.

« DE BALZAC. »

Cette opinion si mûre, si bien arrêtée, que Balzac disait avoir au commencement de sa lettre, l'était, ainsi qu'on va le voir, beaucoup moins quelques jours après. Le vent de l'enthousiasme est tombé ; il y a calme plat et symptômes de découragement. La pyramide de prix portant des cent mille francs les uns sur les autres, menace de s'écrouler du sommet à la base. Balzac écrit au comité, dans le trouble d'une espèce de sauve-qui-peut plein de menaces désastreuses, la pièce qu'on va lire ;

« Messieurs,

« Votre commission, après un travail de quatre séances, a reconnu :

« 1° Qu'il était presque impossible de rédiger collectivement un manifeste, attendu que l'on obtenait constamment sept idées pour une et que de la discussion perpétuelle il ne sortait que des phrases incolores ;

« 2° Par suite de la discussion, il est résulté cet avis unanime :

« Que le manifeste contenait une suite d'allégations plus ou moins éloquentes, mais essentiellement sujettes à la contradiction ;

« Que les corps constitués ne devaient pas procéder par allégations ;

« Que toute affirmation, essentiellement bonne en elle-même, devait reposer sur des faits ;

« Qu'en conséquence, il était impossible de donner les affirmations sans les faits ; — qu'à chaque articulation grave, il était de la dignité du comité d'apporter les preuves ou les faits ;

« 3º Que de ces considérations, il résultait la nécessité de diriger la publication à faire en autant de parties qu'il y a d'ordres de faits différents ;

« Que chaque paragraphe actuel peut très bien constituer le sommaire ou le résumé des faits qui sont à recueillir ;

« Mais qu'alors ce travail exige une division, une augmentation et une distribution nouvelle ; que dans tous les cas, le travail doit offrir des conclusions ;

« En conséquence, la commission propose à l'unanimité au comité :

« 1º La division de la publication en autant de chapitres qu'il y a d'ordres de faits comme idées générales : — journalisme, — librairie, — publicité, — loi sur la propriété littéraire, — encouragements ;

« 2º La distribution de chaque chapitre à un membre différent du comité, avec la charge de recueillir les documents qui s'y rattachent ;

« 3º La nomination d'un président qui puisse conduire le travail ;

« Quand tous les éléments seront réunis, la publication aura les caractères qu'elle doit offrir et au public et à l'administration, et à la société. »

Quand on a lu, avec toutes ses annexes et tous ses corollaires, le projet du fameux manifeste, et qu'on arrive à ce dernier document, on sent l'idée, d'abord si fière et presque si matamore, divaguer, fléchir et près de tomber en dissolution. Cette dissolution ne tarda pas à se produire. Balzac en donna le premier le signal. Quelques jours après l'insertion au procès-verbal de la pièce qu'on vient de lire, on trouve ce cri d'alarme, pareillement inscrit à l'impassible procès-verbal :

« L'an mil huit cent quarante et un, le 5 octobre, M. le président (M. Cauchois Lemaire), donne lecture d'une lettre de M. de Balzac, contenant sa démission de membre de la Société. Prié de s'expliquer sur les motifs de sa démission, M. de Balzac refuse d'abord de déclarer les motifs, puis il donne officieusement quelques explications, desquelles il résulte que son but est de tirer un produit plus avantageux de la reproduction de son œuvre. M. de Balzac se retire, et la discussion s'engage sur la question de savoir si la démission sera acceptée ou refusée. Plusieurs membres y prennent part.

« Le comité prend la délibération suivante.

« Après en avoir délibéré ;

« Vu la démission donnée par M. de Balzac ;

« Vu les articles 1, 3, 4 et 37 des statuts de la Société ;

« Vu le titre 9 du livre du code civil, et spécialement les articles 1844, 1865, 1869 et 1870 du même code ;

« Le comité s'est déterminé par les considérations suivantes :

« La Société des gens de lettres est aux termes de ses statuts, une société civile, régie par les principes du droit commun, sauf les modifications résultant du contrat constitutif de la Société,

« Il faut donc appliquer, au cas de démission notifiée au comité qui représente la Société, les articles 1869 et 1870 du code civil, lesquels sont ainsi conçus :

« Art. 1869. La dissolution de la Société par la volonté de l'une des parties ne s'applique qu'aux sociétés dont la durée est illimitée et s'opère par une renonciation notifiée à tous les associés, pourvu que cette renonciation soit de bonne foi et non faite à contre-temps.

« Art. 1870. La renonciation n'est pas de bonne foi lorsque l'associé renonce pour s'approprier à lui seul le profit que les associés s'étaient proposé de retirer pour eux en commun. Elle est faite à contre-temps, lorsque les choses ne sont plus entières, et qu'il importe à la société que sa dissolution soit différée.

« M. de Balzac se place dans la prévision de l'article 1870 ; car il résulte des articles 4 et 37 des statuts que les *associés se sont proposé*, entre autres choses, de *retirer en commun le profit de la reproduction* des œuvres de chacun d'eux.

« M. de Balzac n'est donc pas dans les conditions voulues par la loi pour que ses co-associés puissent accepter sa démission.

« En conséquence, le comité déclare qu'il n'y a pas lieu d'accepter cette démission, qu'elle considère comme non avenue. »

Quand cette délibération si formelle du comité parvint à de Balzac, il entra dans une fureur bilieuse à faire craindre un retour instantané de cette maladie du foie à laquelle il était si cruellement exposé. Tout fumant de colère, il prit une plume, une feuille de papier à lettre, qui porte encore les traces du frémissement nerveux dont il fut saisi, et il écrivit la lettre suivante à M. Cauchois-Lemaire, président de la Société :

Paris, octobre 1841.

À monsieur le président de la Société des gens de lettres.

« Monsieur,

« L'agent central de votre Société m'a communiqué la décision du comité relative à ma démission, qui, aux termes des statuts, devait être purement et simplement acceptée ; je n'ai pas besoin de protester contre cette délibération ; je me regarde comme n'étant plus membre de la Société.

« Mais j'ai des droits comme ancien membre de la Société, qui ont été méconnus dans la délibération, et je viens me plaindre d'un manque de délicatesse qui m'étonne de la part du comité, et qui nécessite ma demande formelle d'une radiation de partie de la délibération sur ma démission.

« Je n'ai point dit au comité les motifs de ma démission, non-seulement pour conserver en entier le droit de tous les membres de la Société, mais encore parce qu'il est des motifs que l'on doit taire. Pour faire comprendre au comité l'imprudence de sa doctrine, qui ne résulte d'aucun article des statuts, car il n'est dit nulle part que le comité sera juge d'une démission, j'invoque le témoignage de deux de ses membres : MM. Pyat et Merruau. Tous deux savent que ma démission était donnée à la séance où M. Pyat et moi nous fûmes obligés de quitter le comité par le doute élevé sur notre impartialité comme juges, et que j'ai regardé comme un manque d'égard suffisant. M. Pyat m'a dit : attendez une autre occasion de vous retirer de la Société. M. Merruau m'empêcha d'envoyer ma démission, que je donnai malgré l'avis de M. Pyat. Je dis alors à M. Pyat que j'avais déjà des raisons majeures de me retirer.

« Le jour où j'apportai ma démission, le 5 septembre, il y eut une séance incomplète du comité, où assistaient MM. Pyat, Lacroix, Bonnelier, Cauchois-Lemaire, Alby et Cellier. Si, ce jour-là, un sixième membre fût venu, il n'y avait aucune difficulté, ma démission était admise. Ce jour-là, j'ai, sous la foi donnée par ces messieurs, que ce que je leur disais n'avait rien d'officiel et devait être regardé comme confidentiel, parlé de ma démission.

« Or, la délibération du comité rapporte des motifs qui doivent être des suppositions gratuites, si aucun des membres de la précédente séance n'a violé la foi sous laquelle notre conversation a eu lieu, et qui, dans ce cas, seraient entièrement incomplètes. La délibération, sous ce rapport, repose sur des données entièrement fausses, et qui me sont préjudiciables.

« Maintenant je fais observer au comité que ce fut le lendemain même de la séance où ma démission ne fut pas consentie, faute d'un membre, que l'agent central a inventé le système de difficultés dont parle, au grand détriment de la Société, votre délibération ; ainsi l'agent se substituait au comité, se faisait fort de sa décision ; entre ses deux lettres écrites dans l'intervalle des deux séances, il me prouvait que les assurances qui m'ont été données par les fondateurs de la Société, sur la facilité que j'aurais à me retirer, étaient *des tromperies*, et que nous sommes plus liés, d'après lui, que nous ne le pensons tous. Et cela constitue pour moi une raison suffisante de retraite.

« Par tous ces motifs, je demande la radiation formelle de toute la partie de votre délibération qui porte sur mes prétendus motifs, attendu que j'ai positivement refusé de les dire au *comité en nombre*, et que ce que j'ai dit aux membres d'un comité incomplet l'a été sous le sceau du secret.

« Agréez, monsieur le président, l'assurance de ma considération la plus distinguée.

« DE BALZAC.

« Je garde copie de la présente lettre, qui sera remise en séance par l'un des membres du comité pour être lue comme observation sur le procès-verbal.

« DE B. »

Tout ne se trouva pas terminé par cette lettre ; le comité, après en avoir écouté la lecture, déclara sans s'émouvoir, par l'organe de son président, que la lettre de M. de Balzac serait déposée aux archives, mais qu'il maintenait sa délibération.

Que fit alors Balzac, placé entre ses intérêts personnels et la décision immuable du comité ? Il fit imprimer la circulaire suivante, et l'adressa aux gérants de tous les journaux reproducteurs ; mesure très-logique en soi, quoi qu'on puisse penser de ce débat, car on a dû voir que le fond de la querelle était tout simplement ceci : La Société voulait que tous les journaux eussent le droit, *en payant, bien entendu*, de reproduire Balzac, et Balzac ne voulait pas être reproduit, parce qu'il avait infiniment plus de profit à vendre intactes et vierges ses œuvres à ses éditeurs.

Voici la circulaire aux journaux reproducteurs :

À monsieur le gérant de X.

« Vos rapports avec la Société des gens de lettres ont dû vous apprendre que, dès le 5 septembre dernier, j'avais donné ma démission de membre de cette Société, et qu'à partir de cette époque il ne vous était plus permis de reproduire aucun de mes ouvrages sans mon autorisation.

« J'apprends cependant que le comité veut élever la prétention contraire.

« Pour que vous ne soyez pas induit en erreur sur mes intentions, je crois devoir vous prévenir qu'à partir de ma démission, le comité de la Société des gens de lettres ne peut vous autoriser à reproduire mes ouvrages et que j'entends poursuivre comme contrefacteur, quiconque porterait atteinte à mon droit, en reproduisant tout ou partie de mes ouvrages, sans mon consentement exprès ou par écrit.

« Agréez, monsieur, etc.

« DE BALZAC.

« Paris, 1er janvier 1842. »

Balzac passa ensuite à pieds joints sur les menaces ultérieures de la Société, dont les intentions ne prétendaient guère, je le suppose, aller au delà des menaces, et le conflit fut radicalement terminé. La Société ne compta plus Balzac parmi ses membres. Il y reparut pourtant encore une fois ; mais ce ne fut que sept ans après. On remarquera la date. C'était pendant les premiers jours de mars 1848. La révolution de février venait d'avoir lieu. Saisi par l'épouvante d'une crise politique et sociale aussi peu prévue, Balzac, comme bien d'autres écrivains encore plus hostiles que lui à la Société, courut vite se ranger sous son drapeau. Il n'était pas très-large ; mais enfin ce drapeau les abrita, lui et les autres, contre la tempête déchaînée sur Paris et sur la France. Balzac se montra donc ce jour-là au foyer de l'Opéra, où se tint la séance et d'où sortit, grave, émue et réfléchie, toute la Société, pour aller faire sa soumission au gouvernement provisoire siégeant à l'Hôtel de Ville. Ce fut quelques jours après cette députation, à la tête de laquelle marchait M. Félix Pyat, que Balzac quittait Paris, et le quittait avec bonheur, pour aller en Allemagne ou en Russie.

Maintenant, revenons sur nos pas et remontons à l'année 1842, d'où nous avons été forcé de faire descendre rapidement le lecteur pour qu'il suivît Balzac jusqu'aux dernières limites de ses rapports avec la *Société des gens de lettres*.

L'insuccès de *Vautrin* n'avait pas découragé Balzac ; deux ans après l'orage de la mémorable représentation de cette comédie, il frappait à la porte de l'Odéon, dirigé alors par M. Auguste Lireux. Il ne faudrait pas connaître cet esprit si hardi d'une part, si excellemment littéraire de l'autre, pour douter de son empressement, nous avons presque dit de son emportement, à se mettre à la disposition de Balzac tentant une seconde fois, et avec le même cœur, la fortune du théâtre. L'esprit d'aventure allait à ces deux oseurs de première trempe. Celui-ci cherchait toujours une Amérique avec les mines d'or ; celui-là venait lui dire : Je vous l'apporte dans les plis de mon manuscrit. Quel accueil ! quelle fête ! Entrez, lui dit le directeur, je vous attendais ; entrez, lui dit le théâtre, vous étiez attendu ; entrez, lui dirent les acteurs rangés sous le péristyle, nous vous attendions ! entrez, lui dit le caissier, je ne vous attendais plus ! Il est rare de voir une administration théâtrale faire un pareil accueil à un écrivain dramatique, surtout après une chute ; mais la chute de *Vautrin* avait fait tant de bruit, est-il vrai de dire, qu'elle ressemblait à un succès, qu'on ne la distinguait même pas d'un succès. C'est qu'il ne s'agit pas à Paris, notez bien ce point essentiel, de savoir au juste, de définir ce que dit le bruit ; est-ce qu'on a le temps ? Avez-vous fait du bruit ? — Oui. — Vous avez réussi. — Mais… — Vous avez réussi. — Cependant… — Vous avez réussi.

Du péristyle au foyer le passage de Balzac fut jonché de sourires, de compliments, de bienvenues, de félicitations. On lui eût jeté des bouquets si l'administration avait voulu en fournir.

À l'Odéon, c'est au foyer qu'on lisait alors les pièces, soit pour y être reçues par le comité, soit, quand elles étaient reçues, pour en faire connaître les rôles aux acteurs. Il n'avait pas à cette époque le petit caractère pincé d'un musée de province, d'un bazar de peintures destinées à être vendues au profit de jeunes aveugles ; sa physionomie de drap vert était austère ; point de tableaux, point de meubles, si ce n'est une longue table, des fauteuils massifs, une pendule ennuyeuse, portant sur sa tête une sphère autour de laquelle l'aiguille d'or marquait quelquefois les heures ; voilà tout.

C'est à ce foyer qu'un jour d'hiver Balzac se présenta pour lire les *Ressources de Quinola*, comédie en cinq actes. L'assemblée était nombreuse ; elle se distinguait par la présence de madame Dorval. La célèbre actrice se trouvait là moins par devoir de pensionnaire que par curiosité ; on ne présumait pas qu'elle eût un rôle dans l'ouvrage de Balzac. Cependant on espérait qu'elle y jouerait ; de son côté, elle désirait fort qu'il en fût ainsi. On découvrirait peut-être dans le cours de la lecture quelque situation dramatique échappée à l'inexpérience de l'auteur : il y aurait alors occasion pour lui de développer un caractère ; de là à un beau rôle, il n'y a plus qu'un pas. Quoi qu'il en soit, madame Dorval assistait à la lecture de *Quinola*. J'étais assis près d'elle, à l'angle de la haute cheminée. Balzac occupait l'extrémité de la longue table verte, côté du Luxembourg. Il voulut lire debout, du reste ainsi qu'il a lu toutes ses pièces, même *Mercadet*, et ceci nous rappelle que les acteurs de la Comédie-Française se montrèrent un peu surpris de cette dérogation à la tradition du fauteuil à bras, le fauteuil alexandrin ! né le même jour pour mourir à la même heure que le verre d'eau sucrée.

La lecture de *Quinola* commença.

Pesante d'abord, pâteuse, embarrassée, la voix de Balzac s'éclaircissait à mesure qu'il avançait dans sa lecture ; elle acquérait plus tard une sonorité grave, parfaite, veloutée, et enfin, quand elle était lancée et que la passion arrivait à la suite du drame, elle obéissait alors aux plus délicates intentions de la phrase, aux plus fugitives ondulations du dialogue. C'était bien, presque aussi bien qu'au théâtre ; quelquefois même c'était mieux, parce que c'était plus négligé et par conséquent plus humain. Il lisait surtout avec une grande conviction ; il s'abandonnait, il faisait pleurer, il faisait rire, pleurant et riant lui-même sans être un seul instant retenu par la timidité. Dans le rire particulièrement il saisissait, il entraînait ; il vous attelait, pour ainsi dire, à sa grosse gaieté à quatre roues, et, quoi qu'on en eût, il fallait le suivre, sauf ensuite à distraire de la part qu'on avait un peu trop largement faite à l'ouvrage, la part à laquelle avait droit le lecteur.

Balzac lut admirablement bien les quatre premiers actes des *Ressources de Quinola*. Si l'attention des auditeurs ne se sentit pas conduite sur un chemin bien sablé et bien régulier, et il s'en fallait de beaucoup, elle se plut à courir à travers cette forêt d'intrigues, de surprises, de péripéties, d'événements, plantés et taillés à la mode espagnole. Heureuse pour sa part d'oublier les servitudes et les chaînes de notre théâtre, qui est une véritable prison, elle fut charmée de tout cet air et de tout cet espace que lui concédait généreusement l'auteur. Il allait loin dans la passion, très-loin dans le comique, infiniment plus loin encore dans la manière de traiter les mœurs. Les esclaves des règles se livrèrent à cœur joie au bonheur de cette franche et complète licence. On était encore si loin de la représentation ! Qui donc pensait en ce moment à la représentation, c'est-à-dire au danger ? D'ailleurs n'était-ce pas là une véritable représentation ?

Tout à coup la joie, le plaisir, la gaieté, le bonheur s'arrêtèrent, et s'arrêtèrent sec : comme une voiture dont la roue casse. — Qu'arrivait-il donc ? mais qu'arrivait-il donc ? Il arrivait que Balzac, à la fin du quatrième acte, après s'être mouché, après s'être essuyé le front et le visage, après avoir cherché sous son ample gilet blanc entr'ouvert ses bretelles à poulies pour remonter son pantalon descendu de plusieurs crans par l'exercice violent qu'il avait subi, il arrivait, disons-nous, que Balzac annonçait à ses auditeurs palpitants d'anxiété, que le cinquième acte n'était pas fait. — Le cinquième n'était pas fait ! quelle surprise ! quelle consternation ! que de figures tout à coup allongées ! mais ce n'était pas possible ! — Rien n'était plus vrai. — Balzac n'avait pas encore écrit son cinquième acte, quand il était venu bravement au foyer de l'Odéon lire les quatre premiers actes des *Ressources de Quinola*.

On gardait le silence autour de lui.

« Je vais vous raconter mon cinquième acte, reprit Balzac, sans s'arrêter plus sérieusement à l'inconvénient de ne l'avoir pas écrit. »

Les acteurs se regardèrent avec une surprise nouvelle : « Raconter un cinquième acte ! » — Inimaginable !

Madame Dorval, quoique assez excentrique elle-même, ne parut pas la moins étonnée ; tandis que Balzac se mettait en disposition de raconter son cinquième acte, elle se pencha sur moi, et clignant ses beaux yeux si fins, si bleus et si expressifs, adoucissant sa voix au ton de la confidence, elle me dit :

« Ah çà ! qu'est-ce que c'est donc, mon cher ami, que cet homme-là ?

— C'est Balzac, le fameux Balzac.

— Parbleu ! je le sais bien, mais se moque-t-il de nous ? Raconter un cinquième acte ! décidément il se rit de nous.

— Ne le croyez pas.

— Cependant…

— C'est Balzac, prenez-le comme il est.

— Est-ce qu'il est toujours ainsi ?

— Toujours.

— Quand il remet un manuscrit à ses imprimeurs, est-ce qu'il ne leur en donne que la moitié ?

— S'il leur en donnait la moitié ! Il leur donne moins que rien bien souvent, puisque bien souvent il ne reste pas une seule ligne de sa rédaction première.

— Il est donc fou ?… Voyons !

— C'est une autre question que vous posez là.

— Qu'allons-nous devenir sans ce cinquième acte ?… Le fera-t-il ?

— C'est probable.

— Mais quand ?

— Ce soir peut-être ; dans dix ans peut-être aussi ; et jamais aussi, dans le cas où un autre sujet lui plairait davantage à traiter, »

Mais Balzac, tout en roulant son manuscrit, tout en le nouant avec une petite corde qu'il avait cherchée dans chacune de ses poches, puis sous la table, et qu'il avait fini par trouver dans le fond de son chapeau, avait réuni ses souvenirs épars dans tous les coins de son cerveau et commençait le récit de son cinquième acte.

Ce cinquième acte était fort court, quoiqu'il ne le fût pas autant qu'il l'est devenu plus tard en passant au théâtre : toutefois, il ne se composait guère que de huit ou dix petites scènes. Mais huit ou dix scènes à exposer, huit ou dix scènes d'un cinquième acte, où viennent converger, se réunir tous les fils attachés au premier acte, ce n'est pas là un tour de force ordinaire. Il ne suffit pas d'avoir de l'imagination et de l'éloquence ; c'est d'ailleurs chose parfaitement inutile à cet endroit fatal de l'action ; il faut à cet endroit un bon sens à toute épreuve, une logique droite, inflexible, afin d'arriver sans déviation au dénoûment que rien, sous peine de mort, ne doit faire attendre.

Balzac n'était pas l'homme de cette gymnastique sur la corde roide. Il trébucha au milieu *du grand inquisiteur, de don Frégose, de Fontanarès, de Faustine, de don Ramon, de Matthieu Magis, de l'hôte du Soleil d'Or, de Coppolus, de Carpano, d'Esteban, de Gironne et de Quinola.* L'improvisation ne lui fut pas heureuse : il était déjà harassé, il faut aussi le dire, de la lecture des quatre précédents actes. En un instant il perdit plus de la moitié du terrain qu'il avait conquis dans l'estime de ses auditeurs, esprits mobiles, comme le sont en général les acteurs, sentant vivement, exagérant leurs impressions par la raison même qu'ils ont la sensation rapide. J'eus en petit sous les yeux le désarroi dont je fus témoin deux mois plus tard à la clarté du gaz dans la grande salle de l'Odéon, le jour de la première représentation des *Ressources de Quinola*. Bien des mauvaises opinions préconçues à la suite de cette maladroite improvisation s'usèrent plus tard en passant sur la meule des répétitions, mais un dommage réel, irréparable pourtant, en résulta. Madame Dorval déclara, avant que nous fussions sortis du foyer, qu'elle ne voyait décidément pas de rôle pour elle dans la pièce, pièce qu'elle reconnaissait au surplus pleine de beautés littéraires du premier ordre et d'observations fines et vraies. Ceci dit, elle noua les brides de son chapeau avec sa pétulance habituelle, donna deux petits coups secs aux flancs de sa robe, toute chiffonnée par la longue séance dont nous sortions, fourra ensuite ses deux mains toujours fébriles dans son manchon de renard gris, nous salua et sortit.

Deux minutes après la sortie de madame Dorval il n'y avait plus personne au foyer, si ce n'est Balzac et moi.

Une dame voilée, et si impénétrablement voilée que personne ne parvint à voir ses traits, — et je n'ai pas besoin de dire si la curiosité fut excitée, — était entrée au foyer de l'Odéon un peu avant l'arrivée des acteurs ; elle avait assisté sans changer de place, sans faire le plus léger mouvement, à la lecture de *Quinola*, et elle s'était retirée entre le départ de madame Dorval et la sortie générale des acteurs.

C'est à cette dame voilée que Balzac remit sans dire un seul mot le manuscrit de sa comédie, quand elle se leva ainsi que nous tous pour quitter le foyer de l'Odéon, où sa présence — qu'ai-je besoin de le redire ? — n'avait pas manqué d'être attentivement remarquée.

Nous allâmes, en sortant de cette chaude séance, Balzac et moi, respirer au jardin du Luxembourg.

On croit sans doute que Balzac, les pores encore ouverts à tous les courants dont son esprit avait été traversé, me parla de la lecture de son *Quinola*, m'interrogea sur l'effet qu'elle avait produit, sur ce que j'avais entendu dire autour de moi, du plus ou moins de mérite de son ouvrage. Balzac ne m'adressa aucune question qui eût trait, de près ou de loin, aux événements de cette lecture. Il n'y pensait déjà plus. Nous gagnâmes la terrasse qui s'étend du côté de la rue d'Enfer, et d'où l'on plane sur les graves compartiments du jardin de le Nôtre, et là il me parla des embellissements qu'il avait un jour proposé à M. Decases de faire faire à son palais. Il me parla entre autres innovations d'un escalier en spirale qu'on percerait au centre du jardin du Luxembourg, et par où l'on descendrait jusqu'aux Catacombes, lesquelles s'étendent, comme chacun sait, sous une vaste partie du faubourg Saint-Germain et du faubourg Saint-Marceau. On arriverait par cet escalier torse, dont l'entrée serait monumentale, à la nécropole parisienne. On n'en prendrait qu'une partie seulement, et cette partie on l'enfermerait dans des murailles de granit noir qui seraient éclairées par des lampadaires antiques. Il ne comprenait pas que l'édilité de la capitale laissât se perdre sans utilité pour la curiosité des étrangers, auxquels on parle toujours des Catacombes de Paris, ce sérieux attrait qu'on a sous la main, ou, pour parler plus exactement, qu'on a sous les pieds. « Faites cela, dis-je à Balzac, et demain vous aurez des spéculateurs qui vendront de la bière et ouvriront des bals dans les Catacombes. Vous verrez affiché sur les murs de Paris : *Dimanche, grande fête en l'honneur de MM. les étudiants à la Chaumière des Catacombes.* »

La nuit était venue ; il faisait froid et humide dans le jardin du Luxembourg ; nous en sortîmes pour aller dîner au restaurant Risbeck, où le directeur de l'Odéon avait promis de venir le retrouver dans la soirée. La question de la distribution des rôles serait agitée, grande question ! ainsi que bien d'autres questions se rattachant à la mise à l'étude de *Quinola*.

Vers la fin du dîner, le directeur de l'Odéon, ainsi qu'il l'avait promis, se présenta au cabinet où nous étions et, avant même d'être assis, il fit part à Balzac du succès extraordinaire d'enthousiasme que les *Ressources de Quinola* avaient obtenu auprès des artistes de l'Odéon. Lui-même reconnaissait par-dessus tout le monde, dans cet ouvrage, des qualités de comédie d'un mérite tout à fait supérieur. Négligeant de préciser ces qualités, il se jeta selon ses habitudes généreuses d'admiration, dans un tourbillon de paroles bruyantes du milieu desquelles se détachaient, comme autant d'étincelles électriques, ces mots : « Génie espagnol !… vrai genre espagnol, Caldéron !… Lope de Vega !… Grande fantaisie !… succès !… cent représentations ! subvention… double subvention !… triple succès… Dans vingt jours la toile se lèvera radieusement sur ce chef-d'œuvre. « Pardon, monsieur Lireux, dit Balzac, arrêtant dans la ligne ascendante de son vol pindarique l'impétueux et spirituel directeur, vous comptez donc mettre bientôt ma pièce en répétition, que vous parlez de la représenter dans vingt jours ?

— Mais sans doute, et dès demain ; ce soir, si je le pouvais.

— Avant même que le cinquième acte ne soit écrit ?

— Que vous êtes modeste !

— Comment l'entendez-vous ?

— Est-ce que votre génie ne me répond pas de cet acte et de son mérite ? Parlons plutôt des acteurs que je veux vous offrir.

— Offrez, monsieur Lireux, offrez. »

C'était l'endroit difficile : le Mont-Blanc à traverser !

« Je ne vous dirai pas que ce sont des aigles. — Non ! mais nous rachetons par la beauté et la suavité de l'ensemble l'insuffisance des détails. D'ailleurs, s'il n'y a pas de mauvais rôle pour un bon acteur, il n'y a pas non plus de mauvais acteurs pour de beaux rôles, et tous vos rôles sont beaux, monsieur de Balzac. »

Après ces éloges paradoxaux donnés à sa troupe, M. Lireux fit accepter à Balzac les artistes qu'il croyait les plus capables de jouer dans sa comédie, dont il était le très-sincère admirateur. Ils se trouvèrent bien un peu divisés sur la distribution du rôle de Faustina, que Balzac eût désiré voir tenu par madame Dorval, mais enfin mademoiselle

Héléna Gaussin fut acceptée à la place de la grande actrice, trop grande, prétendit l'habile directeur de l'Odéon, pour ne pas faire attendre du rôle des effets dramatiques qu'il n'était pas entré dans le sage et vaste esprit de l'auteur de lui imposer. « Il y aurait eu péril, ajouta-t-il, à laisser espérer au public ce qu'aucun effort humain n'aurait réalisé, si madame Dorval eût couvert l'affiche de l'éclat éblouissant de son nom. Les grands noms engagent. Comment tenir un tel engagement ? D'ailleurs, ajouta Lireux en modérant l'accent de sa parole vibrante, il faut de la royauté, de la noblesse, beaucoup de noblesse, vous le comprenez mieux que personne, monsieur de Balzac, pour jouer le rôle de Faustina Brancadori. Brancadori ! quel nom exigeant ! Or, entre nous, madame Dorval, comme actrice, n'est pas née sur les marches du trône ; elle rend bien, sans nul doute, les sentiments vrais, bourgeois, les sentiments à pied, mais quand il faut parler en reine et le sceptre à la main… non !… Mademoiselle Héléna Gaussin est l'actrice qui convient à votre rôle ; ne sortons pas de là. Les plus belles épaules de Paris !

— Elle n'est pas très-connue.

— En France, c'est possible, mais en Suisse ! Parcourez la Suisse, et vous verrez.

— Elle vient de la Suisse ?

— Elle en vient. Il a presque fallu une loi d'extradition pour la faire venir en France. Ses admirateurs suisses s'étaient ligués pour l'empêcher de franchir la frontière. Jugez quel talent ! »

Balzac me clignait, de temps en temps, de l'œil, comme pour me dire : « Il me met dedans. » Lireux me clignait aussi de l'œil pour me dire : « Le mettrai-je dedans ? » Ni l'un ni l'autre n'étaient dupes de cette comédie avant la comédie. C'était un Génois et un Corse qui tenaient les cartes.

« D'ailleurs, reprit Lireux, je couvrirai votre actrice des plus riches étoffes que je trouverai dans les vieux fonds de magasin. Jamais actrice n'aura été damassée et capitonnée comme elle. »

Le dialogue roula encore longtemps sur ce fonds de plaisanteries inséparables des raisonnements les plus sérieux chez le jeune directeur de l'Odéon ; mais, je l'ai dit plus haut, Balzac accepta madame Héléna Gaussin pour jouer le rôle de *Faustina Brancadori* dans les *Ressources de Quinola*.

« Maintenant, continua M. Lireux, maintenant que nous voilà tombés d'accord sur le choix des acteurs, arrêtons le jour des répétitions. Commençons-nous demain ?

— Demain, soit, répondit Balzac.

— Où vous enverra-t-on le bulletin ? »

Balzac ne s'attendait pas à cette question qui l'obligeait tout naturellement à faire connaître le nom de la rue et le numéro de la maison qu'il habitait. Sa réponse languissait.

« Mais envoyez les bulletins, dis-je, rue…

— Pardon, m'interrompit brusquement Balzac, pardon. »

Je m'aperçus de ma gaucherie, Balzac n'approuvait pas que je révélasse, même dans la circonstance forcée où il était, l'endroit qu'il habitait. Je me tus.

Le directeur de l'Odéon, dont l'esprit mille fois plus vif que le mien avait déjà mesuré tout l'embarras de Balzac, souriait derrière ses spirituelles lunettes et attendait.

« Voyons, dit-il à Balzac, vous ne tenez pas à ce que les bulletins des répétitions vous soient portés par un garçon de théâtre ?

— Non... et je pense au moyen...

— Consentiriez-vous à ce que je vous les fisse parvenir moi-même par la poste ?

— Oui... par la poste... mais c'est vous causer bien de la peine... Si un autre moyen...

— J'aurais été seul à connaître votre demeure... mais je vois, dit Lireux en essuyant les verres de ses lunettes avec un coin de la nappe, que ce n'est pas tout à fait là le moyen de votre goût ; cherchons-en un autre... s'il y en a un autre, murmura Lireux. »

Je me permis de dire : « Si l'on pouvait élever un oiseau qui partirait tous les matins de la maison de Balzac et viendrait prendre dans son bec le bulletin chez le concierge de l'Odéon, on aurait, je crois, vaincu la difficulté. Seulement il faut trouver cet oiseau.

— Voilà bien comme vous êtes ! dit Balzac, vous plaisantez avec les situations les plus difficiles de la vie. »

Lireux continuait à éclaircir les verres de ses lunettes.

« Ne peut-on pas se rendre aux répétitions sans l'avertissement du bulletin ? demanda Balzac, de plus en plus obstiné à ne pas donner son adresse.

— C'est impraticable ! On répète un jour, on ne répète pas l'autre ; la veille on a mis la répétition à onze heures, le lendemain elle est pour midi. Votre temps se perdrait en courses inutiles.

— Allons ! dit Balzac en soupirant, allons ! il faut en venir là. J'ai un moyen de recevoir vos bulletins.

— Et ce moyen ? dit Lireux, en replaçant précipitamment ses lunettes.

— Avez-vous un garçon de théâtre intelligent ?

— C'est un ancien garde du commerce.

— Diable ! trop intelligent !

— Je plaisante, reprit Lireux, c'est un employé sur lequel on peut compter.

— Ce mot *compter*, s'écria Balzac en riant, et en riant au point de faire partir tous les boutons à la vérité toujours si mal cousus de son gilet, ce mot *compter* vient ici comme mars en carême.

— Pourquoi ? demandai-je à Balzac.

— C'est que… ce garçon sur lequel on peut *compter*, sait-il *compter* ? s'informa Balzac auprès de Lireux.

— Il sait compter.

— Eh bien ! voici ce qu'il aura à faire. Daignez m'écouter. Muni de mon bulletin de répétition, il se rendra chaque matin aux Champs-Élysées.

— Aux Champs-Élysées, répéta Lireux.

— Quand il sera arrivé au rond-point de la fontaine…

— Très-bien ! au rond-point de la fontaine, répéta encore Lireux.

— Il se dirigera, poursuivit Balzac, vers l'arc de l'Étoile, et au vingtième arbre à sa gauche il verra un homme qui fera semblant de chercher un merle dans les branches.

— Un merle ? s'écria Lireux.

— Un merle ou tout autre oiseau.

— Tiens ! mon oiseau qui revient !

— Je vous en prie, laissez-moi achever. Votre garçon de théâtre s'approchera de cet homme et lui dira : *Je l'ai !* Cet homme lui répondra : *Puisque vous l'avez, qu'attendez-vous ?* Sur cette réponse, votre garçon lui donnera le bulletin de répétition et il s'en ira sans regarder derrière lui. Le reste est mon affaire. »

Lireux ne vit aucune objection à faire à cette étrange manière d'envoyer et de recevoir un bulletin de répétition. « J'ai affaire à Ferragus, auteur dramatique. » Il se borna à dire à Balzac : « Il est bien convenu pourtant, cher monsieur de Balzac, que si dans la nuit la foudre dévorait le vingtième arbre des Champs-Élysées, après la fontaine, c'est au vingt et unième que votre homme attendrait le mien.

Les choses furent ainsi réglées touchant l'envoi des bulletins de répétition de *Quinola* : mais il est probable qu'elles furent plus tard modifiées dans un sens moins excentrique et un peu plus en harmonie avec les traditions domestiques des théâtres.

Lorsque cet incident eut été vidé, comme on dit au barreau, Balzac, plus à l'aise pour traiter les autres questions qui se rattachaient à ses intérêts, reprit ainsi :

« Vous ne supposez pas, cher monsieur Lireux, que j'aborde de nouveau le théâtre pour me traîner mesquinement dans les voies battues du passé : j'y viens pour innover en tout et pour tout.

— C'est bien ainsi que je l'entends, répondit Lireux, et vous voyez en moi celui qui ne restera pas en arrière si vous marchez. »

Balzac dit alors :

« Premier chapitre des réformes que j'apporte. Je ne veux pas des claqueurs. Je les exécrai à *Vautrin*, mais je les ai subis pour complaire à l'aveugle routine d'Harel, lié par mille liens d'amitié et de papiers timbrés avec Porcher, — mais je les bannis à *Quinola*, bannis à perpétuité.

— Pourtant le parterre de l'Odéon, pépinière tumultueuse d'étudiants, aux premières représentations a besoin d'un paratonnerre intelligent qui s'élève au milieu des orages pour détourner la foudre ou la diriger. Ce paratonnerre…

— Je vous vois venir : ce paratonnerre, c'est la claque.

— Mais…

— Je connais la comparaison ; elle me plaît même à l'état de seconde édition ; mais, à la première représentation de mes pièces, je déclare solennellement ne plus vouloir de claqueurs. C'est à prendre ou à laisser. *Quinola* est à cette condition.

— Puisqu'il en est ainsi, poursuivit Lireux en raffermissant les branches de ses lunettes au-dessus de ses oreilles, puisque vous me parlez avec cette conviction si résolue, aucune considération ne me gêne plus. Franchise pour franchise. Mon indignation s'éveille à la vôtre ! Oui, vous avez raison, monsieur de Balzac ; la claque est la lèpre des théâtres, la maladie honteuse que les hommes comme vous ont mission non pas de pallier, mais, de brûler. C'est bien, c'est d'une âme hardie et honnête ce que vous allez tenter là ; c'est d'une âme…

— Pardon, monsieur Lireux, interrompit Balzac d'un ton de voix qui était déjà une note comique en passant sur les cordes métalliques du charmant directeur du second Théâtre-Français ; pardon, monsieur Lireux, je ne demande pas l'expulsion de la claque parce qu'elle me semble, comme à vous, une institution immorale, mais tout simplement parce qu'elle occupe de la place au parterre, et que la place qu'elle occupe ne rapporte rien.

— Ah ! très-bien, fit Lireux dont l'indignation rentra jusqu'au manche dans la gaîne d'où il l'avait trop tôt sortie.

Ah ! très-bien ! très-bien ! J'avais mal compris, c'est une question d'intérêt pour vous ; une pure question d'intérêt.

— Une question d'argent ! Que traitons-nous ici ? une affaire.

— Sans doute, une affaire.

— Parlons donc affaire, monsieur Lireux.

— Je vous écoute, monsieur de Balzac. — Quel gaillard ! disaient les deux verres mystérieux des lunettes de Lireux ; quel gaillard !

— D'abord, et il est bon de vous en prévenir, je veux toute la salle pendant les trois premières représentations de *Quinola*.

— Il recommence *Vautrin*, dis-je tout bas à Lireux.

— J'en ai peur, me répondit pareillement tout bas Lireux, qui fit cette réponse à Balzac : — Mais alors qu'aurai-je, moi ?

— La moitié dans les bénéfices, qui seront énormes, incalculables ! »

Lireux réfléchit.

« J'accepte cette condition, dit-il après quelques secondes.

— Maintenant, de l'ensemble passons aux détails.

— Passons aux détails. »

Le garçon du restaurant apporta d'autres bougies : il se faisait tard dans la nuit.

« Nommez-moi les places du théâtre par leurs qualifications spéciales et techniques, poursuivit Balzac, et moi je vous dirai à mesure les spectateurs que je prétends y mettre de mon droit de fermier général de toute la salle.

— Vous y mettrez, je pense, dit Lireux à son tour, les spectateurs qui auront payé leurs billets à la porte.

— Il n'y a plus de porte ! répliqua Balzac avec un geste à la Frédérick Lemaître, dont la mimique le poursuivit longtemps.

— Comment, il n'y a plus de porte ! »

Lireux ne savait plus trop ce que cela voulait dire.

« Je veux dire que les billets seront pris chez moi, et non, comme cela se pratique, aux bureaux de votre théâtre. On les ouvrira pour la forme, mais voilà tout. Ainsi ne vous noyez pas dans ces détails oiseux, et veuillez, comme je vous en ai déjà prié, me désigner hiérarchiquement les places de votre théâtre. Vous allez connaître dans quel but je sollicite de votre complaisance ces dénombrements.

— Le parterre ! dit alors Lireux.

— Très-bien, vous m'avez compris. — Eh bien ! au parterre je ne veux que des chevaliers de Saint-Louis. Prenez note. »

L'étonnement en valait la peine.

« Comment dites-vous ? se fit répéter Lireux transfiguré.

— Je dis que je ne veux au parterre que des chevaliers de Saint-Louis à la première représentation de *Quinola*.

— Des chevaliers de Saint-Louis ! redit Lireux.

— Et tués, ajoutai-je, au siége de Malte en 1712. »

Lireux éteignit immédiatement ma plaisanterie sous ces paroles d'approbation dignes et bien senties : — il avait enfin soupesé l'homme. —

« Vous n'aurez au parterre, à votre première représentation, monsieur de Balzac, que des chevaliers de Saint-Louis. Seulement, vous vous chargez de les trouver.

— Je m'en charge. Continuez à me désigner les places, je vous prie.

— Orchestre ! dit Lireux.

— À l'orchestre, les pairs de France. Je ne veux à l'orchestre que des pairs de France.

— Mais l'orchestre, monsieur de Balzac, ne les contiendra pas tous ?

— Ils se tiendront debout dans les couloirs.

— Loges d'avant-scène !…

— La cour aux loges d'avant-scène.

— Avant-scène des premières, continua Lireux.

— Les ambassadeurs et les plénipotentiaires aux avant-scène, dit Balzac. »

Lireux poursuivit son dénombrement.

« Baignoires découvertes des premières !

— Là, les femmes des ambassadeurs.

— Secondes galeries ! cria Lireux.

— Les députés et les grands fonctionnaires de l'État aux secondes galeries, répliqua Balzac.

— Troisièmes galeries !

— La haute finance : achevez, monsieur Lireux.

— Quatrièmes galeries !

— Une bourgeoisie riche et choisie, acheva de Balzac.

— Oui, mais les journalistes, demanda Lireux en se ravisant, où les placerez-vous ?

— Ils payeront leurs places… s'il en reste ; et il n'en restera pas.

— Je crains, balbutia Lireux, que si vous négligez d'envoyer aux journalistes les loges qu'ils sont dans l'habitude immémoriale d'occuper…

— Encore une fois, pardon, monsieur Lireux, mais j'en ai fini depuis longtemps et fini pour toujours avec les journalistes ; c'est entre nous une guerre de sauvages : ils veulent me scalper à la manière des Mohicans, et moi je veux boire dans leur crâne à la manière des Muscogulges. »

Lireux retira ses journalistes.

Le traité fut ratifié vers minuit de part et d'autre : les trois premières représentations de *Quinola* appartiendraient à Balzac, qui aurait également le droit de vendre à qui il voudrait et à tel prix qui lui conviendrait les mille ou douze cents places dont se composait alors la belle et ennuyeuse salle de l'Odéon.

Peu de jours après ce dîner chez Risbeck, les répétitions de *Quinola* commencèrent, travail préparatoire auquel Balzac assista régulièrement, moins pour enseigner aux acteurs comment il souhaitait être interprété que pour refaire aujourd'hui une phrase de sa comédie, demain une scène, après-demain tout un acte ; travail qu'il compliquait encore en transportant ces innombrables corrections et modifications, non-seulement comme nous le pratiquons tous sur le manuscrit d'auteur et sur celui du souffleur, mais encore sur la pièce même imprimée. Un éclaircissement est ici indispensable. Balzac faisait toujours imprimer ses ouvrages dramatiques avant la représentation, soit que par là il fût plus près d'un marché avec l'éditeur, soit, et ceci est plus vraisemblable, qu'il eût l'habitude de ne bien apercevoir les fautes et les imperfections de l'œuvre que sur l'œuvre même imprimée. Or, cette triple besogne d'auteur, de correcteur et de répétiteur le mettait, on l'admettra, dans l'impossibilité radicale de soigner, même faiblement, la mise en scène d'une pièce. Il allait, venait, suait, se démenait sans que jamais son attention se portât essentiellement sur les répétitions. Si maintenant vous ajoutez à cette agitation perpétuelle du corps et de l'esprit l'agitation autrement forte et exceptionnelle qu'il s'imposa, en prétendant placer lui-même et lui seul mille ou douze cents places, vous arriverez peut-être à avoir une idée exacte, — et alors vous l'aurez effrayante, — de Balzac auteur dramatique, de Balzac auteur des *Ressources de Quinola*.

Il est temps d'appeler l'attention du lecteur sur les particularités, déjà effleurées dans le chapitre sur la représentation de *Vautrin*, qui marquèrent la fameuse vente des billets avant la représentation de *Quinola* et le jour de la première représentation.

Non-seulement Balzac se fit le fermier et le vendeur de ces billets, mais il ne recula pas devant la pensée d'en être l'agioteur ; et ceci non par avidité, mais par bizarrerie, surtout pour obéir à l'orgueilleux besoin chez lui de se passer d'un entrepreneur, de fouler aux pieds l'homme éternellement placé entre le producteur et l'acheteur, sentiment honorable, mais hasardeux.

Se présentait-on pour acheter une loge de première galerie, il répondait derrière sa grille : « Trop tard ! trop tard ! La dernière a été vendue à la princesse Augustina-Augustini de Modène. — Mais, monsieur de Balzac, nous y mettrions un prix fou… — Quand ce prix serait fou furieux, vous n'auriez pas davantage de loge de première galerie puisqu'il n'y en a plus. » Et l'on se retirait sans avoir cette loge. Ce jeu-là réussit pendant les premiers jours de la mise en vente ; on paya très-cher pour avoir très-difficilement une place. Mais les jours suivants les désirs se calmèrent, tout se calme dans ce monde ; on se lasse même de la difficulté ; on se lassa, et Balzac, pendant la semaine voisine de la première représentation, fut très-heureux, de vendre, au prix du théâtre, ce qu'il avait d'abord rêvé de vendre à des prix fabuleux, exagérés par sa puissante fantaisie.

Que devinrent, dans cette furieuse mêlée de places vendues, revendues, promises ou restées, et sous lesquelles les prétentions de Balzac furent à peu près anéanties, que devinrent, — demandons-nous, — les chevaliers de Saint-Louis, les pairs de France, les hauts financiers et la bourgeoisie choisie ? Cherchons-les : peut-être les retrouverons-nous à la première représentation des *Ressources de Quinola.*

Quelques heures avant cette première représentation, la veille seulement de ce grand jour, voilà que Balzac, revenant sur ses intentions en apparence si fièrement arrêtées, oubliant sa haine furibonde contre les claqueurs, veut, demande, exige à tout prix des claqueurs. Que s'était-il donc passé dans sa tête ? Heureusement Lireux ne perdait jamais la sienne.

Sur ce désir *in extremis* de Balzac, faible à la dernière heure, le directeur de l'Odéon appela dans son cabinet le chef des claqueurs, et lui fit part des intentions de l'auteur, mieux avisé. En recevant cette communication, M. Dupont (c'était le nom de cet étrange chef) se redressa de toute la hauteur monumentale de son amour-propre primitivement froissé par Balzac, si dédaigneux d'abord à l'endroit de son importance et de ses services, et il objecta au directeur de l'Odéon qu'il n'était plus en mesure, qu'il était trop tard pour organiser sa bande. M. de Balzac, continua-t-il, n'avait qu'à ne pas se montrer si fier, si délicat, lorsque je me suis offert pour soutenir, comme d'usage, son drame de *Quinola* devant le difficile public qui l'attend. On ne se jouait pas si légèrement d'un homme comme lui, poursuivit-il ; on ne se mettait pas avec tant de présomption au-dessus des usages du théâtre et des plus vénérables traditions. Dupont fit mine de se retirer après ce débordement d'amertume.

Un bras amical l'arrêta doucement au seuil de la sortie et le ramena.

« Voyons, mon cher Dupont, lui dit Lireux, mettez-vous vous-même, je vous en prie, au-dessus de ces manques d'égards, tout à fait sans importance, croyez-moi, venant d'un auteur novice encore dans la carrière dramatique, carrière dont vous gardez avec tant de dignité les nobles avenues. D'ailleurs, du moment où M. de Balzac avoue ses torts, et c'est largement les avouer, convenez-en, que de revenir à vous par mon entreprise directoriale, vous seriez dur, vous seriez blâmable, de demeurer en arrière de ce mouvement de générosité. M. de Balzac vous tend la main, faites se rencontrer bruyamment les vôtres pour l'applaudir. Vengez-vous en vous créant le droit magnifique de pouvoir vous dire demain à minuit, quand la salle menacera de s'abîmer sous le poids des bravos : « C'est à moi, à moi seul, que M. de Balzac, l'auteur de tant de chefs-d'œuvre, doit cet immense succès, le premier qu'il remporte au théâtre. » Dupont, continua Lireux, ce Pindare de l'ironie, Dupont, on vous appelle, vous et les vôtres, les *Romains*, les *Chevaliers du lustre*. Justifiez au sérieux ces qualifications inéquitablement dérisoires. Soyez demain soir *Chevaliers* par le dévouement et *Romains* par la victoire. »

Lireux s'arrêta : la chaleur de l'émotion voilait le cristal de ses lunettes et la pureté de son organe.

Dupont était entraîné. Il s'écria :

« Combien M. de Balzac veut-il avoir d'hommes demain soir à sa première ?

— Cent.

— Cent ! dites-vous, M. Lireux, cent !

— Cent ! répéta le directeur avec fermeté.

— Mais c'est là une armée ! Cent claqueurs ! M. de Balzac demande cent claqueurs, lui qui n'en voulait pas du tout, pas un seul ! le mois passé, la semaine passée, hier même. Cent !

— Laissons tous les passés, mon brave Dupont. Avez-vous cent hommes de fer et de bronze sur lesquels on puisse compter ?

— Mais…

— Mais oui !

— Mais non !

— Réfléchissez, Dupont ! Si vous refusez à Balzac ses cent claqueurs, vous allez le réduire, je vous en avertis, à aller les demander à Vacher, à Porcher, à Souton, à vos plus implacables rivaux, rivaux qui considéreront comme une bonne fortune, n'en doutez pas, l'occasion, la plus superbe occasion, de vous supplanter chez vous, sur votre banquette, sous votre lustre. Réfléchissez ! »

L'orgueil de Dupont, piqué au talon, se réveilla une seconde fois à la menace de voir Balzac allant porter sa demande de cent claqueurs à d'autres chefs de claque que celui de l'Odéon.

Ce cri décisif partit des lèvres de Dupont :

« M. de Balzac aura demain ses cent claqueurs !

— Bravo, Dupont ! Je savais bien, moi…

— Ils seront à leur poste demain soir avant le lever du rideau.

— Et vous à leur tête ?

— C'est mon devoir !

— C'est votre honneur !

— Je réponds d'eux.

— Moi de vous et du succès. »

Ce dialogue, à la stature et à la démarche cornéliennes, fut terminé par ces paroles beaucoup moins dramatiques, mais non moins en situation, comme on dit au théâtre :

« Maintenant, M. Lireux, poursuivit Dupont, maintenant il faut que je prenne immédiatement connaissance des passages de la pièce que les applaudissements et les bravos de mes gens doivent faire valoir à la représentation ; besogne, je n'ai pas besoin de vous le dire, qui serait déjà faite depuis longtemps si M. de Balzac ne nous avait exclus des répétitions comme indignes. Il importe, acheva Dupont, de se livrer sans retard à ce grave travail, la première représentation ayant lieu demain[2].

— À cet égard, mon avis est parfaitement le vôtre, répondit le directeur de l'Odéon, qui ouvrit alors un tiroir du secrétaire, et en sortit un manuscrit sale, fripé, éreinté, en haillons, comme sont, du reste, tous les pauvres manuscrits qui ont fait la rude campagne des répétitions,

— Ceci est le manuscrit de *Quinola,* dit le spirituel directeur à Dupont : nous allons, si vous le voulez bien, marquer ensemble par des signes au crayon les bons endroits ; tâchons qu'il y en ait beaucoup, tâchons qu'ils soient tous bons. »

Ainsi qu'un général qui, la veille d'un combat, déploie et étudie sous sa tente le plan de la bataille qu'il va livrer, Lireux étala le manuscrit de *Quinola,* et il invita Dupont à noter avec lui ici les endroits dangereux, ceux sur lesquels il était peu prudent de permettre à l'admiration d'appuyer, et ceux d'où la victoire devait s'élancer, ailes déployées, une recette de cinq mille francs dans chaque main.

Après s'être incliné un instant sur le manuscrit de *Quinola,* le chef de claque de l'Odéon le prit brusquement, le roula, le mit avec autorité sous son bras, et sortit d'un pas majestueux du cabinet du directeur en laissant tomber derrière lui ces mots qui sont demeurés à jamais célèbres dans les traditions théâtrales, et que les échos de l'Odéon ont retenus sous leurs voûtes couvertes de toiles d'araignées : « *Je ferai ce travail-là chez moi.* »

Le jour de cette première représentation, ou plutôt le soir, est arrivé ; c'est le 19 mars 1842 ! — Le théâtre lointain étincelle ; les municipaux à cheval garnissent la place de l'Odéon ; pénétrons dans la salle. Nous y sommes. Promenons nos regards. Ah ! mon Dieu ! que veut dire ? — Elle est vide ! — Comment, vide ! — Presque vide ! — Où êtes-vous donc, Montjoie et Saint-Denis ! chevaliers de Saint-Louis, pairs de Charlemagne, ambassadeurs, ministres, femmes de ministres et femmes d'ambassadeurs ? Bref ! la salle, répétons-nous, était presque vide.

Si l'on cherche la raison de cette désertion en masse de tous les admirateurs de Balzac à pareil jour, c'est qu'ils s'étaient dit longtemps à l'avance : « On se déchire pour acheter les places de la première représentation de *Quinola*. On dit partout qu'il n'y en a plus ; on dit même que Balzac a été obligé de refuser une place au duc de Nemours (le bruit en avait réellement couru). À quoi bon songer à prendre un billet ? Résignons-nous ; attendons ; nous irons aux représentations suivantes. » Calcul juste et erroné : Balzac avait dit, il est vrai, qu'il n'y avait plus de places, mais il y en avait toujours eu ; il y en avait plus que jamais, surtout le jour de la première de *Quinola*.

Mais le rideau est levé, la pièce commence.

Bien fait, intéressant, coloré, rapide surtout, le premier acte des *Ressources de Quinola* alla bien, très-bien ; il courut sans entorse jusqu'à la fin ; mais les autres actes, grand Dieu ! quel bruit ! quelle hilarité du haut en bas de la salle ! quelle fiévreuse gaieté au parterre, où les claqueurs, appelés trop tard, agissent tout de travers et sont d'ailleurs écrasés par les ennemis de la pièce ! Signe d'une détresse grave et dont une soirée ne se relève pas, les imitations de voix d'animaux eurent lieu. On n'entendait plus les acteurs, mais on entendait, en revanche, les aboiements du chien, celui du roquet qu'on écrase, le glapissement du coq, le braiment de l'âne, le hennissement du cheval. La principale actrice, mademoiselle Héléna Gaussin, ne sut pas attendrir ces barbares. Se trompant toutefois sur le caractère de sa disgrâce, elle dit, dans son trouble, en rentrant dans les coulisses, au directeur : « Vous avez vu, monsieur Lireux, comme je les ai empoignés ! — Ah ! madame, il vous le rendent bien ! » lui répondit le caustique directeur de l'Odéon.

Qu'était devenu Balzac pendant la bataille qui se livrait pour lui ? Plus de Balzac ! avait-il pris la figure d'un chevalier de Saint-Louis ? était-il monté en voiture pour regagner la rue Basse ou les Jardies ?

En attendant que nous l'ayons retrouvé, nous allons donner l'analyse fort partiale, mais bien faite, des *Ressources de Quinola*, par une main habile à manier la critique. Cette appréciation complétera le tableau rétrospectif d'un des plus curieux événements littéraires de l'époque illustrée par un de nos beaux génies contemporains. Il convient de montrer le côté de la lumière et le côté de l'ombre en apportant la grande personnalité de Balzac au seuil de la postérité.

« Il est question d'abord[3] (ceci forme le sujet de la pièce) d'un inventeur méconnu, d'un mécanicien, qui, sous Philippe II, comprend les forces de la vapeur, et veut, malgré l'Inquisition, doter son siècle de cette découverte plus importante que celle de Galilée. Alphonse Fontanarès est pauvre ; il n'a pour appui qu'un valet, Quinola. Camoens avait le nègre Antonio qui mendiait pour lui. Mais le valet de Fontanarès ne mendie pas, fi donc ! C'est un fripon dans le goût des Mascarille, des Labranche, des Gil-Blas, des Lazarille de Tormès, des Figaro, qui a tout de ces honnêtes gens, excepté l'esprit. Quinola s'est attaché à Fontanarès. Il fait vivre son maître des produits de son industrie. Quinola parvient jusqu'au roi, auquel il explique fort longuement que son maître a trouvé le moyen de faire aller les vaisseaux sans voiles ni rames, plus vite que le vent et contre le vent. Le roi jure que si Fontanarès met à exécution son projet, il le fera grand d'Espagne et duc de Neptunado. Que dites-vous de Neptunado ? On tire Fontanarès des cachots de l'Inquisition ; on l'envoie à Barcelone pour faire son expérience sur un vaisseau de l'État. Si Fontanarès ne réussit pas, il y va de sa tête.

« À Barcelone, Fontanarès retrouve une jeune fille qu'il aime ; mais le roi, et cela n'est guère généreux de sa part, n'a pas même agi avec cet inventeur comme notre gouvernement constitutionnel avec M. Mulot pour son puits de Grenelle. Fontanarès se voit bientôt poursuivi et traqué par la meute des créanciers. Quinola passe son temps à les éconduire, mais les valets de don Juan savent beaucoup mieux leur affaire que ce Quinola. Son génie ne s'élève, en effet, qu'à la hauteur de parades, d'arlequinades, dignes tout au plus de Bobêche et de Galimafrée. Une courtisane, Faustina Brancadori, a entrevu du haut de son balcon Alphonse Fontanarès ; elle s'est éprise de lui aussitôt. Quinola et un compagnon de son espèce qu'il a retrouvé, Monopodio, échappé comme lui des galères de Tunis, jugent à propos de tirer parti de l'amour insensé de la courtisane, maîtresse du vice-roi. Quinola s'aperçoit bientôt que la courtisane lui causera plus de mal que de bien. En effet, lorsqu'elle sait que Fontanarès aime une autre femme, et le maladroit Quinola le lui apprend lui-même, elle cherche à nuire aux projets de l'homme de génie afin de le ruiner, de le réduire au désespoir, et de se présenter ensuite à lui comme un ange consolateur. Elle encourage même l'amour d'un secrétaire du vice-roi, nommé Sarpi, pour sa rivale.

« Il serait presque inutile de dire, si nous ne voulions tout raconter, que Marie, la jeune fille aimée de Fontanarès, qui l'aime, lui a donné ses bijoux, ses diamants, pour qu'il mène à bonne fin son entreprise ; Fontanarès est accusé de les avoir volés. Quinola en est bien capable, mais il n'a pas commis le crime. Marie se dévoue ; elle vient faire l'aveu de ses dons. Fontanarès poursuivi d'un autre côté par Sarpi, qui réclame la promesse faite au roi de construire un vaisseau qui aille sans voiles ni rames ; Fontanarès demande, suivant son habitude, quelques mois de répit. Pour combler ses infortunes, on lui adjoint en qualité de collaborateur un faux savant, un âne bâté, un Pancrace, un Marphurius, un de ces personnages dont Molière a épuisé le comique. Fontanarès, irrité, fait sauter son vaisseau au moment où il entend proclamer le nom de son indigne collaborateur. Et voilà comment la vapeur n'a été révélée que de notre temps. Fontanarès reste en présence de la courtisane et du valet fripon. Sont-ce là les seuls soutiens du génie ? Si en effet l'auteur avait un but quelconque en écrivant sa pièce, ce serait la seule moralité qui nous paraîtrait pouvoir en résulter.

« Cette prétendue comédie, d'un genre inqualifiable, où ne se montre aucune idée dramatique, aucune intention de scène, où l'auteur a cru imiter Caldéron et Lope de Vega, en n'empruntant que le décousu du théâtre dans son enfance, où l'esprit, qui fait presque partout défaut, n'est remplacé que par d'étranges antithèses, des termes d'argot, de révoltants anachronismes ou des calembours que M. de Bièvre lui-même eût rejetés, a échoué au milieu de rires continuels. Comment tenir son sérieux devant un coq-à-l'âne en cinq actes, avec prologue et tableaux ? Comment approuver des plaisanteries bonnes tout au plus pour amuser des rapins d'atelier ? Quel charme, par exemple, trouver à ces sortes de jeux de mots : « — Cet homme entend mieux la mécanique de l'amour que l'amour de la mécanique. — Vous êtes logé à l'enseigne du soleil d'or, est-ce une raison pour éteindre celui de mon petit-fils ? — J'irai le voir donner la bénédiction par les pieds (il est question d'un homme qu'on doit pendre[4]) ! — J'en suis à la solution de mon problème, s'écrie l'inventeur ; — et moi à la solution de continuité de mon pourpoint, reprend le valet. — La haine n'est pas le contraire de l'amour, c'en est l'envers. — La perle de mon repentir s'échappe de mes yeux. — Il y a des situations où le cœur se brise ou se bronze ; vous m'avez bronzé. »

« Nous n'avons pas le courage de continuer ces citations burlesques.

« *En vain M. de Balzac avait donné à un public de son choix (à un prix très-élevé), la plus grande partie de la salle* ; le sentiment général a protesté au nom de la littérature offensée par un de ses membres les plus éminents. Si cette chute est une disgrâce pour l'auteur, ce sera pour le théâtre un succès de curiosité. »

Je répète avec intention que ce jugement précipité sur la comédie de Balzac est d'une sévérité excessive, et je n'en veux pour preuve que l'opinion sur le même ouvrage d'un autre critique dont la douceur et la courtoisie n'étaient pas le défaut ordinaire. M. Rolle, rédacteur chargé alors dans le *National* du compte-rendu des théâtres, s'exprimait ainsi sur les *Ressources de Quinola* :

« M. de Balzac avait rencontré le sujet d'un beau drame, malheureusement, soit fantaisie, soit négligence, il a passé plutôt à côté de l'idée qu'il n'y est entré résolûment pour en exploiter toutes les richesses. L'Odéon est le théâtre des représentations tumultueuses ; mais jamais ce terrible champ de bataille n'avait offert un tel assemblage d'exclamations et de cris confus : le parterre, véritable tirailleur, s'embusquait derrière les substantifs et les verbes pour mitrailler la pièce et les acteurs. Cependant tous ces braves blessés ont combattu jusqu'au bout avec un courage digne d'éloges et de pitié ; souvent la comédie se faisait jour par de vives sorties et par des canonnades bourrées d'esprit et d'originalité : on aurait dit qu'elle allait mettre l'ennemi en fuite et rester maîtresse du terrain, toute sanglante et démantelée.

« Mais laissons à d'autres le plaisir inhumain d'agrandir la blessure de Quinola et de danser en ricanant sur ses plaies ; c'est là une joie facile et cruelle que nous ne partagerons pas. Il y a de grandes erreurs et de grandes fautes dans la pièce, mais il y a aussi des traits comiques, spirituels et quelquefois profonds que je souhaite à certains feuilletons qui se préparent à l'insulter avec la plus charmante gaieté et la plus agréable fureur. »

Nous aurons eu, avec tous les incidents de ce grand événement dramatique, toutes les pièces qui s'y rattachent, quand nous aurons découpé dans la docte et touchante préface de *Quinola* les lignes de douleur et d'amertume tracées de la main émue de M. de Balzac, amertume et douleur nées de cet ouvrage et de cette redoutable représentation.

« Un jour viendra, dit-il, que cette pièce servira de bélier pour battre en brèche une pièce nouvelle, comme on a pris tous mes livres, et même ma pièce intitulée *Vautrin*, pour en accabler les *Ressources de Quinola*.

« On ferait plusieurs volumes, poursuit-il, avec les lamentations des critiques qui, depuis bientôt vingt ans, demandaient des comédies dans la forme italienne, espagnole ou anglaise : on en essaye une, et tous aiment mieux oublier ce qu'ils ont dit depuis vingt ans plutôt que de manquer à étouffer un homme assez hardi pour s'aventurer dans une voie si féconde, et que son ancienneté rend aujourd'hui presque nouvelle.

« En produisant une œuvre faite avec toutes les liberté des vieux théâtres français et espagnol, l'auteur s'est permis une tentative appelée par les vœux de plus d'*un organe de l'opinion publique* et de tous ceux qui assistent aux premières représentations : il a voulu convoquer un vrai public et faire représenter la pièce devant une salle pleine de spectateurs payants. L'insuccès de cette épreuve a été si bien constaté par tous les journaux que la *nécessité des claqueurs en reste à jamais démontrée*. L'auteur était entre ce dilemme que lui posaient des personnes expertes en cette matière : introduire douze cents spectateurs non payants, le succès ainsi obtenu sera nié ; faire payer leurs places à douze cents spectateurs, c'est rendre le succès presque impossible. L'auteur a préféré le péril. Telle est la raison de cette première représentation où tant de personnes ont été mécontentes d'avoir été élevées à la dignité de juges indépendants.

Sans que l'auteur eût rien fait pour obtenir de telles promesses, quelques personnes avaient d'avance accordé leurs encouragements à sa tentative, et ceux-là se sont montrés plus injurieux que critiques ; mais l'auteur regarde de tels mécomptes comme les plus grands bonheurs qui puissent lui arriver, car on gagne de l'expérience en perdant de faux amis. Aussi est-ce autant un plaisir qu'un devoir pour lui que de remercier publiquement les personnes qui lui sont restées fidèles comme M. Léon Gozlan, envers lequel il a contracté une dette de reconnaissance ; comme M. Victor Hugo, qui a pour ainsi dire protesté contre le public de la première représentation en revenant voir la pièce à la seconde ; comme M. de Lamartine et madame de Girardin, qui ont maintenu leur premier jugement malgré l'irritation générale. De telles approbations consoleraient d'une chute. »

Nous n'avons pas besoin de faire ressortir tout ce qu'il y a d'amertume épaisse dans les divers passages qu'on vient de lire : on serait sur le point, à vingt ans de distance, de se sentir indigné et attendri. Qu'une émotion moins pénible nous préoccupe en pensant à ce mort illustre ! Balzac ne resta pas longtemps étourdi par la secousse brutale de cette chute faite d'une hauteur de cinq actes ; en voulez-vous la preuve bien vraie et bien consolante ?

Savez-vous comment, dans quel état on trouva Balzac — car on finit par le trouver — à minuit et demi, après la représentation de *Quinola* ? On le trouva endormi et ronflant au fond d'une loge. Il dormait ! On eut toutes les peines du monde à le réveiller et à le faire monter dans le fiacre qui le ramena chez lui.

Un dernier mot sur cette étrange pièce, un mot, qui est pour nous qui allons l'écrire, la cristallisation solide de notre jugement consciencieux. Si une main amie et autorisée la débarrassait par-ci par-là de quelques phrases peut-être dangereuses, elle aurait, nous en sommes sûr, à une reprise qui serait une résurrection, un succès au moins aussi grand que celui de *Mercadet*, et elle prendrait place glorieusement et à toujours à côté de la grande comédie de Lesage, dont elle a la maéstrie, les allures franches et la forte saveur castillane.

TROISIÈME PARTIE.

Une grande maison de librairie établie depuis bien des années sur le quai, si parisien, des Augustins, entre la rue Dauphine et la Vallée, à deux pas du pont Neuf, la maison Charles Béchet, venait d'éprouver la velléité de modifier le caractère spécial de son antique commerce de livres.

Le mouvement littéraire de mil huit cent trente, et nous n'étions guère, à l'époque où je vais me placer, qu'en mil huit cent trente-trois, avait entraîné bien d'autres librairies séculaires à quitter la vente pacifique des livres classiques ou sérieux, pour affronter, rapière au vent, le commerce plus turbulent, plus téméraire, mais en apparence plus lucratif des livres d'imagination.

Tous les éditeurs, de ce même côté de l'eau qui baignait autrefois les sinistres fondations de la tour de Nesle, regardaient avec des yeux d'envie la maison Gosselin, si rapidement enrichie par les romans de Walter Scott et quelques romans français. Il fallait donc s'attaquer à ce genre de publication à l'exclusion de tout autre. Là, se disaient-ils, est le succès immédiat, là est l'écoulement d'une édition entière en quelques jours, souvent en quelques heures ; là étaient les relations brillantes, riches d'avenir, avec la jeune école littéraire ; là était la familiarité de tous les instants avec la presse, dont l'action sur le public devenait de plus en plus formidable, si formidable et si régulière dans sa puissance, qu'un éditeur savait d'avance que tel article du *Journal des Débats,* par exemple, faisait vendre quinze cents exemplaires d'un ouvrage ; un article du *Constitutionnel,* huit cents exemplaires ; un article dans le *Courrier français,* quatre cents exemplaires ; un article dans les petits journaux en vogue, trois cents exemplaires. Il n'y avait presque jamais d'erreurs dans ces calculs. Que ces temps sont loin de nous !

Au nombre des fortes maisons de librairie qui se jetèrent avec ardeur dans la fabrication du roman, la maison Charles Béchet se montra une des premières et des mieux préparées à la transformation. La remarque a ici sa raison d'être. Les librairies qui brusquèrent le changement, périrent avant même de sortir du port ; la simple mise en train les coula ; on les vit sombrer sous charge. Et cela s'explique : les manuscrits de roman s'achetaient déjà fort cher, et la révolution de Juillet, dont on n'était séparé que par trois ou quatre années, avait élevé les droits d'escompte à un taux ruineux, ce qui forçait à vendre presque tout au comptant ; en sorte que si les livres, et particulièrement les romans, étaient fort lus, très-recherchés, très-discutés à cette époque, les gains n'étaient pas proportionnés au débit de la vente, quoiqu'ils fussent grands en réalité, très-grands surtout si on les compare aux gains produits de nos jours par la même industrie.

Dirigée par l'expérience de quelques personnes qu'elle avait mises à la tête de sa maison de librairie, madame veuve Béchet appela chez elle, dans des réunions habilement composées, des auteurs connus, des auteurs célèbres, et, au milieu de cette pléiade, des écrivains dont la gloire, sans être parvenue encore au zénith, répandait cependant de belles clartés au-dessus de l'horizon, dont la renommée, sinon arrivée, du moins en bon chemin, rapporterait beaucoup à qui saurait la saisir par les ailes.

C'est à ces réunions hebdomadaires que je rencontrai et que je vis souvent Béranger qui ne publiait déjà plus de chansons, mais qui était toujours, et plus que jamais peut-être, le fin, l'intarissable, le délicieux causeur du dessert et du coin du feu ; de Latouche, qui apportait ses poches pleines de mots ciselés, polis, damasquinés, mais damasquinés, polis et ciselés à froid comme les poignards byzantins, et avec lesquels il égorgeait et tuait, en riant, après le café et la liqueur ; Brissot-Thivars, excellent homme, cœur d'or, esprit de feu, tête encyclopédique fondue à la Diderot, homme de bien, aimé et honoré de tous, passionné pour la salubrité publique, dont il venait d'être nommé inspecteur, comme on se serait passionné pour la musique ou pour la poésie ; parlant constamment de la salubrité publique ; ramenant toutes les questions, soit morales, soit littéraires, soit politiques, à sa chère salubrité publique, laquelle, il est juste de le dire, dut de grands et d'utiles progrès à sa rare et patriotique initiative ; le docteur Gentil, attaché à cette époque, comme homme de lettres, à la maison Béchet ; Louis Raybaud, fort loin à ce moment-là de songer à la députation des Bouches-du-Rhône, plus loin encore de penser au fauteuil de l'Institut, essayant des vers et de toutes sortes de vers, essayant de la prose, essayant de la littérature des voyages, mais jeune, entraînant, gai comme un tambourin, tendre comme une flûte, égayant les soirées de la maison Béchet par sa verve marseillaise, pleine d'éclairs et d'étincelles.

Quelques femmes de gaie et bonne compagnie venaient aussi à ces heureuses soirées, toujours précédées d'excellents dîners. Nos souvenirs nous montrent encore, dans la brume opale de ces premières années de notre séjour à Paris, madame Brissot-Thivars, fée de salon qui tempérait par le bonheur de son visage, par la saveur de son esprit, par la grâce ondoyante de ses paroles, le bruit océanique, la voix cuivrée, toute la domination physique de son intelligent époux, dont la grande taille, les grands yeux, la grande bouche, les grands gestes, faisaient de lui le digne mari de la fée : l'ogre, le plus bel ogre de salon que j'aie jamais vu.

Le soir de ma première rencontre avec Balzac à l'un de ces dîners de madame Béchet, la conversation vint à rouler sur le départ prochain de la duchesse de Berri pour la Sicile, après une captivité de huit mois dans la forteresse de Blaye. La corvette l'*Agathe*, destinée à la conduire à Palerme, devait faire voile dans deux ou trois jours, et l'on savait que le général Bugeaud, son rigide gardien à Blaye, ne la quitterait qu'à l'arrivée même au port de destination. Quoiqu'il y eût beaucoup d'opinions hostiles au gouvernement de Louis-Philippe, ce jour-là, dans le salon où je me trouvais, et aussi beaucoup de républicains qui commençaient à s'entendre tacitement avec les partisans du gouvernement déchu, afin d'être plus forts les uns par les autres pour renverser la dynastie fondée en 1830, aucune fraction présente ne me paraissait bien disposée en faveur de la duchesse de Berri. L'admiration d'abord ressentie pour la princesse quand elle traversait les halliers épineux, les plaines, les tourbières et les marais de la Vendée, que couvraient des milliers de soldats lancés à sa poursuite, cette admiration s'était beaucoup refroidie depuis l'aveu officiel de sa grossesse, bien que parfaitement expliquée et légitimée par son mariage avec le comte Hector Luchesi Palli. Mais elle était dépoétisée ; les rayons de l'auréole s'étaient détachés de son front. Une histoire grandiose à son début, magnifique au milieu, se terminait par un roman presque bourgeois ; une insurrection formidable finissait par une déclaration de paternité à la mairie.

D'un autre côté cependant, beaucoup de légitimistes d'un enthousiasme plus robuste, traitaient hautement de fable inventée par les Tuileries et la grossesse, et l'accouchement, et la déclaration de mariage de la duchesse de Berri. Balzac était de ce nombre. Il n'admettait rien. La trahison de la maison d'Orléans avait tout fait ; la trahison expliquait tout. Cette trahison, qui avait livré la princesse à Nantes, au général Dermoncourt et au commissaire de police Maurice Duval, ne pouvait être bien embarrassée pour imaginer une grossesse, ce qui est toujours très-facile, ni pour inventer un accouchement, ce qui est un peu moins facile, mais possible ; ni très-embarrassée non plus pour forcer une femme brisée de corps et d'esprit à déclarer qu'elle était mariée, afin de lui voler la couronne de son fils, tout en ayant l'air de sauver l'honneur d'une maison et d'une race. — Mais M. de Mesnard, objectait-on à Balzac, soutenant cette impossible thèse au dessert, la tête chaude de quelques verres de vin de Champagne, M. de Mesnard, qui a quitté Blaye aussitôt après la déclaration faite par la duchesse de Berri qu'elle était femme du comte Hector de Luchesi Palli ? — Mensonge ! rouerie ! guet-apens ! trahison ! répliquait Balzac. On aura trompé les yeux, la bonne foi, la loyauté de M. de Mesnard. D'ailleurs, M. de Mesnard, repentant d'un éloignement peu motivé, s'est rendu de nouveau auprès de la princesse, et personne de vous n'ignore qu'il l'accompagne à Palerme. — Sans doute, mais auparavant, était-il objecté à Balzac, M. de Mesnard a déclaré dans une lettre qu'il ne consentirait à la suivre à Palerme que sur un ordre formel de sa main. Cet ordre lui a été envoyé. Alors seulement il a obéi. — Qui a lu cet ordre ? répliquait Balzac de plus en plus emporté, en promenant autour du salon des regards de défi et en plantant des points d'interrogation gros comme des pieux devant chacun de ses voisins de table. Montrez-moi cette lettre ! Allons donc, vos lettres ! Il y a toujours des lettres pour faire pendre les gens. Seulement quand il faut les montrer, il n'y a plus que des paroles ; et ces paroles, une épingle les crève et le vent les emporte. Je ne crois pas à cette lettre. — Soit ! n'y croyez pas ; mais que dites-vous cependant, que dites-vous de la déclaration de M. Deneux, l'accoucheur ordinaire de la duchesse. M. Deneux, son ami, le seul accoucheur qu'elle ait voulu avoir auprès d'elle au moment de la crise suprême, M. Deneux qui a écrit de sa main, que vous ne suspecterez pas de trahison : « Je viens d'accoucher la duchesse de Berri, ici présente, épouse en légitime mariage du comte Hector Luchesi Palli, frère des princes del Campo Franco, gentilhomme de la chambre du roi des Deux-Siciles, domicilié à Palerme. » Qu'en dites-vous ?

— Je dis, tout étonné que je suis de cette déclaration, que M. de Brissac et madame d'Hautefort, qui sont avec la princesse depuis bien plus longtemps que M. Deneux, dont nous n'avons jamais, du reste, approuvé la présence à Blaye, où il n'est allé que de son propre et irréfléchi mouvement, n'ont jamais voulu, ni l'un ni l'autre, appuyer cette déclaration du témoignage au moins aussi important de leurs signatures. J'ajoute — ce que vous savez aussi bien que moi — qu'une pièce judiciaire affirmant qu'il y a dans cette affaire « présomption légale de supposition d'enfant » a été remise simultanément à la Cour royale de Paris et à celle de Bordeaux par le vicomte de Conny, le baron de Ludre, le vicomte de Kergorlay, le comte de Floirac et quelques autres notabilités du parti légitimiste ; qu'ainsi les raisons pour nier sont bien plus fortes que les raisons pour croire ; qu'au surplus, en politique comme en théologie, il y a des choses indiscutables, au-dessus du droit, supérieures à toute critique. — Ceci… ceci… murmura-t-on alentour de Balzac. — Ceci, messieurs, dit Balzac en élevant la voix au ton de la passion, est mon sentiment, et ceux qui ne le partagent pas… » Un convive s'aperçut à temps de la voie inflammable où allait s'aventurer la conversation, et il chercha aussitôt à la détourner, au lieu d'essayer, avec maladresse de la fermer trop brusquement, « Pourtant, dit-il, si tout ceci, comme le pense M. de Balzac, n'était qu'un jeu de la royauté des Tuileries dans le but d'avilir le caractère de la duchesse de Berri, est-ce qu'un militaire, le général Bugeaud aurait consenti à y participer, à se faire le geôlier de la princesse ? — Ah ! vous nous la donnez bonne ! s'écria impétueusement Balzac, à qui cet interrupteur bien avisé faisait la partie belle exprès pour qu'il se rangeât du côté où tout le monde allait se rencontrer d'opinion avec lui. Voilà une raison emplumée et triomphante que vous nous apportez là, la discrétion, la réserve, la pudeur du général Bugeaud ! Général de qui ? général de quoi ? général reçu à la Maternité de Paris ! »

Il est essentiel de dire ici que jamais homme, excepté pourtant sir Hudson Lowe, n'avait été aussi honni, aussi raillé, injurié, exécré, maudit, que le général Bugeaud l'était, à cette époque, pour avoir accepté de commander la forteresse de Blaye, devenue la prison de la duchesse de

Berri. D'un autre côté, il faut se hâter d'ajouter, sans entrer dans la question de savoir si un militaire a le droit ou non de refuser une pareille mission, que le général n'était pas encore le digne pacificateur de l'Algérie, le glorieux vainqueur de l'Isly, le maréchal Bugeaud enfin. — « Votre général Bugeaud, reprit Balzac en serrant les dents et en les desserrant aussitôt, comme pour vouloir parler, mais retenu de nouveau par une intention contraire ; votre général Bugeaud… ! » Le docteur Gentil entra sur cette phrase, suspendue par sa présence, et dit, en tenant un exemplaire du journal du soir : « Messieurs, je vous annonce le départ de la duchesse de Berri pour la Sicile ; elle a quitté la France ce matin. — Êtes-vous bien sûr de ce que vous dites-là ? s'informa Balzac avec une vivacité d'intérêt toute particulière. — Voici le journal où se trouve la dépêche télégraphique qui l'annonce, » répondit le docteur Gentil en passant le journal du soir à Balzac. Après avoir rapidement parcouru la dépêche, Balzac se leva, si toutefois c'est l'expression qui rend la chose, car dans la discussion, on ne savait pas au juste ordinairement s'il était debout ou assis, tant il s'agitait, tant il éprouvait du roulis, et il dit, après être allé sur la pointe des pieds fermer les croisées qui donnaient sur le quai des Augustins — on les avait laissées ouvertes moins à cause de la chaleur du temps (on n'était guère qu'au commencement de juin) qu'à cause de la chaleur du dîner, — il dit : « Messieurs, je vais vous annoncer une bonne nouvelle, un événement qu'il n'est plus permis à personne d'empêcher maintenant. — Qu'est-ce que c'est ? qu'est-ce que c'est ? se demanda-t-on au milieu de tous ces nuages de mystères que Balzac aimait toujours à amasser autour de quelques pitons de la conversation, car personne ne fut jamais plus friand que lui de mise en scène. — Le général Bugeaud, reprit-il, ne reviendra plus du voyage d'agrément qu'il va entreprendre aux frais de la princesse. » Et, continuant d'une façon moins burlesque : « Vous comprenez que cet homme a trop fait souffrir l'objet le plus élevé, le plus digne, le plus cher et le plus sacré de nos affections royalistes, pour que l'on n'ait pas eu la pensée, la bonne pensée d'en débarrasser le monde, qui ne le pleurera pas beaucoup. Quelques jeunes gens dévoués, et décidés à tout entreprendre, sont partis sans bruit pour Palerme, où ils savaient depuis quinze jours que la princesse devait être envoyée, toujours sous la surveillance déjà qualifiée du général Bugeaud. Ils ont pris les devants par la voie de Marseille. À cette heure, ils sont à Palerme, et ils se tiennent prêts, sur les quais du port à accueillir, de leurs acclamations de fidélité le débarquement de la duchesse de Berri. Des honneurs attendent celle-ci ; autre chose attend celui-là. Il recevra à Palerme l'accueil que fît à Londres le jeune de Las Cases à sir Hudson Lowe, revenant de Sainte-Hélène ; et si le général mieux disposé que sir Hudson Lowe, veut se battre, eh bien ! l'on se battra, et l'on a toute raison de croire, vu le choix des lames qui s'engageront loyalement avec la sienne, qu'il ne sera pas de retour en France de sitôt. »

Le café ayant été servi à la suite de ces paroles de Balzac, le propos tomba dans les soucoupes de porcelaine et fut noyé dans le rhum et le cognac. On passa à d'autres sujets de conversation qui me frappèrent moins ; mais j'appris, un ou deux mois après ce dîner, à l'honneur des renseignements de Balzac, que le général Bugeaud, prévenu ou non de ce qui le menaçait, n'était pas descendu une seule fois à terre pendant le mouillage de l'*Agathe* dans le port de Palerme, et qu'il était passé immédiatement de cette corvette à bord du brick l'*Actéon*, que commandait le capitaine Nonay, pour retourner en France, où il allait trouver des destinées plus brillantes que celles d'un duel.

Cette révélation faite par Balzac d'un événement qui arriva en partie, vint m'apprendre pour la première fois, confirmée depuis par tant d'autres, son goût excessif pour les négociations secrètes, pour les expéditions conduites sinueusement dans l'ombre, les projets arrangés de loin, enfin ses penchants dominants d'artiste pour les affaires de police et les machinations de tout genre qu'emploie celle-ci, par nécessité, dans le but de parvenir à la découverte des voleurs et des criminels.

M. Brissot-Thivars, qui s'était probablement aperçu avant tout le monde de ces tendances de Balzac, lui proposa un jour devant moi une partie de plaisir d'une étrange nouveauté. J'ai dit la passion si louable de M. Brissot-Thivars pour la salubrité publique : comme pour l'exalter davantage en lui — si c'était possible — l'État venait de livrer à la ville de Paris une ligne considérable d'égouts qu'il faisait construire depuis les mauvais jours de la révolution de 1830, afin de donner du travail aux ouvriers et empêcher le retour du choléra, qu'on attribuait alors, dans les livres d'hygiène, à l'insalubrité de certains quartiers voisins de l'hôtel de ville. Par ses fonctions d'inspecteur, M. Brissot-Thivars fut appelé à partager avec les agents-voyers la surveillance de ces nouveaux égouts de Paris. Mais quelle différence ! disait-il, entre leurs constructions élégantes et les égouts d'autrefois. Il en parlait avec ravissement ; il citait les Romains, mais nous venions de les surpasser de cent coudées : les égouts de Tarquin étaient de pierres meulières à côté des égouts de Paris. Hauts, spacieux, bâtis en moellons, voûtés, pavés, bordés de trottoirs, il ne manquait que des arbres à ces monumentaux égouts pour être de véritables promenades souterraines, et des promenades plus belles que les promenades à ciel ouvert. Quand il eut fini son hymne, Brissot-Thivars demanda à Balzac, facile à se laisser foudroyer pour peu qu'on parlât avec conviction, s'il ne serait pas curieux de les voir et de les parcourir avec lui. Il en avait dit cent fois plus qu'il ne fallait pour mettre la puce à l'oreille à Balzac, qui, non-seulement accepta, mais voulut même prendre instantanément jour et heure pour passer la grande revue des égouts. Pour l'édification du lecteur, je dois dire ici que tout récemment construits, les égouts nouveaux n'étaient pas encore livrés à la circulation des eaux, et que, par conséquent, on peut se les figurer comme des chemins creusés et tracés sous le sol de Paris ; mais des chemins où l'on ne marche, en tout temps, qu'à la lueur des torches.

On ne saurait dire tout ce que Balzac, dans son imagination romanesque, rêva d'évasions par les caves, de surprises souterraines, de rencontres étouffées, à employer plus tard dans ses livres, à la pensée de cette promenade qu'il allait exécuter dans les entrailles de Paris ; et l'on va voir dans un instant, cependant, que quelqu'un se montra avoir plus d'imagination que lui encore. « Vous mettriez le comble à ma satisfaction, lui dit Brissot-Thivars, enchanté de voir ses bonnes dispositions, si après avoir parcouru les principales dépendances de mon royaume de la salubrité publique, vous m'accordiez l'honneur de venir avec moi en admirer la capitale. » Cette capitale des égouts, à laquelle l'excellent M. Brissot-Thivars, faisait allusion, c'était Montfaucon. Oui, Montfaucon, où l'on abat les chevaux hors de service, où l'on détruit les chiens errants, où s'accomplissent bien d'autres mystères. Balzac ne recula pas. Il verrait la dernière minute de ces brillants chevaux qui piaffent si orgueilleusement pendant leur vie dans les allées du bois de Boulogne ; il verrait ce que deviennent ces jolis king-Charles's et ces délicieux havanais quand ils tombent sous les coups de l'ordonnance : il verrait... mais nous verrons nous-même plus loin ce qu'il était appelé à voir. Tout fut donc convenu, et le programme de l'excursion fut ainsi arrêté :

Premier jour, visite aux égouts.

Deuxième jour, visite à Montfaucon.

Le rendez-vous pour la visite souterraine aux égouts fut fixé au dimanche suivant ; l'endroit, le bord de l'eau, sous le quai de la Grève, près du pont de l'Hôtel-de-Ville, à la grille d'un égout qui s'ouvre là ; l'heure, une heure après minuit, quand tout Paris dort et ne doit pas s'éveiller de longtemps, afin que nous ne fussions pas troublés par le bruit des fiacres courant sur nos têtes. M. Brissot-Thivars se chargeait des échelles, torches, guides, etc., etc.

Le docteur Gentil et moi fûmes invités à être de ce voyage, ainsi que deux autres personnes dont il me serait difficile en ce moment d'écrire les noms. D'ailleurs, l'une se fit excuser la veille, l'autre ne vint pas à cause de je ne sais plus quel motif.

Le samedi suivant, jour des dîners hebdomadaires de la maison Béchet, veille du jour choisi pour l'expédition nocturne, M. Brissot-Thivars, qui vint tard, et qui venait tard, pensions-nous, parce qu'il s'occupait jusqu'au dernier moment des moyens de l'expédition, entra pâle et tout défait, et nous dit, en nous serrant les mains : « Ah ! mes amis ! mes bons amis ! armez-vous de courage : la partie n'aura pas lieu. — Comment, elle n'aura pas lieu ! Et qui l'empêcherait ? — Un motif des plus graves : l'insurrection de Lyon. — L'insurrection ?… — Oui, elle a exaspéré le parti républicain. Les sociétés secrètes veulent tirer vengeance des mitraillades du général Aymar. La police a saisi les fils d'une conspiration… — Mais quel rapport cela a-t-il avec les égouts ? interrompit Balzac. Quels rapports ?… les conjurés devaient se réunir dans ces égouts récemment bâtis, se glisser ensuite dans les quartiers de l'Hôtel de Ville et du faubourg Saint-Antoine, sous les rues

Saint-Martin et Saint-Denis, et, à un moment convenu entre eux, faire sauter quelques maisons afin de répandre l'épouvante, puis sortir armés, puis le reste. »

Que ce projet ait passé par la tête en ébullition des républicains, constamment en quête, à cette fiévreuse époque, de moyens plus ou moins violents de remuer Paris, c'est ce qu'il n'est pas tout à fait impossible d'admettre. Quoi qu'il en soit, il ne se réalisa pas plus que notre procession mystérieuse sous les rues de Paris, dont il nous supprima la nouveauté et la joie.

Mais si la visite aux égouts n'eut pas lieu, la partie de plaisir à Montfaucon eut un meilleur sort. Nous allons dire les épisodes divers qui ont contribué à la graver dans notre mémoire.

Afin de ne pas trop nous effrayer par l'excentricité de l'heure assignée au départ, on nous avait parlé d'abord de cinq heures du matin ; la veille, il ne fut plus question de cinq heures, mais bien de trois heures après minuit ; ce qui était fort différent. La modification pouvait, à la rigueur, changer la détermination de quelques-uns de nous à risquer le pèlerinage de Montfaucon ; elle ne changea rien. Et pourtant trois heures, c'était la nuit au lieu de l'aube, c'était le froid, et le froid assez vif, car il avait beaucoup plu la veille, au lieu de la fraîcheur du matin. L'inconvénient se perdrait, pensâmes-nous, dans le charme général de la journée. Rendez-vous fut donc convenu au bout de la rue Dauphine, du côté du pont Neuf, comme l'endroit le plus facile aux uns de se rencontrer, sans trop de dérangement pour les autres. Balzac demeurait alors rue de Tournon, le docteur Gentil à la pointe Saint-Eustache, M. Brissot-Thivars, notre gracieux cicerone, dans la haute maison, depuis lors abattue, faisant face au Louvre, touchant à l'angle de la rue des Prêtres-Saint-Germain-l'Auxerrois, vaste maison qu'habita longtemps et où mourut le célèbre chirurgien Dupuytren.

Chacun fut exact. Nous ne nous étions pas trop expliqués sur les moyens de nous rendre à Montfaucon ; si nous irions à pied ou bien en voiture. Ce fut en passant devant la cour Batave que M. BrissotThivars nous dit : « J'ai bien pensé un instant, mes bons amis, à vous faire faire le trajet en voiture, mais j'ai dû y renoncer. La nuit dernière et les nuits précédentes, il a plu à torrents ; les chemins sont impraticables hors barrières ; j'ai vu des ornières où les chevaux enfoncent jusqu'au ventre, et d'où ils ne sortent qu'avec les plus grandes difficultés. De la barrière du Combat à Montfaucon, nous aurions mis en voiture plus d'une heure et demie, distance que nous pouvons, à pied, parcourir en une simple demi-heure, et le temps est précieux, très-précieux ! J'ai tant à vous montrer avant le jour !… »

C'est donc à pied que nous gagnâmes le faubourg Saint-Martin, que nous mesurâmes dans sa longueur jusqu'à la rue des Vinaigriers. Au bout de cette rue, nous coupâmes le canal au quai Valmy, et laissant l'hôpital Saint-Louis à notre droite, nous nous dirigeâmes vers la barrière du Combat par la rue Grange-aux-Belles.

La route jusqu'alors n'avait pas été parsemée de roses ; les Parisiens qui avoisinent ce pôle de la capitale nous croiront sans peine ; mais à partir de cette barrière, encore célèbre alors à cause du spectacle des combats d'animaux qu'on y donnait à quelques cents pas plus loin, et qu'on n'y donne plus, elle s'offrit à nos regards dans un tel état de convulsions et de délabrement, de fluidité ici, de boue noire plus loin ; elle nous causa une si forte appréhension à l'affronter, elle nous inspira une si vive et si universelle horreur, que nos pieds se crispèrent, et qu'une terreur commune nous arrêta sur place.

En général habile, M. Brissot-Thivars comprit la démoralisation de son armée. Il chercha aussitôt à en remonter l'esprit par ces mots : « Dans un petit quart d'heure, nous serons arrivés, mes chers amis ; mais je ne tarderai pas plus longtemps, mais je n'attendrai pas la fin de ce quart d'heure pour vous dire la surprise qui vous est réservée au milieu de toutes les surprises qu'on prépare pour vous. — Quelle est cette surprise ? demanda Balzac d'un ton qui voulait dire : *Si elle n'est pas de mon goût, je n'irai pas plus loin.* — Voilà l'emplacement où l'on représente, reprit M. Brissot-Thivars, les combats d'animaux. — Très-bien, je le connais, dit Balzac ; d'ailleurs, nous le connaissons tous ; continuez. — Hier, un des chevaux de lord Egerton a été étranglé par les chiens de l'établissement dans une lutte des plus émouvantes. — Ensuite ? — Ensuite ce cheval étranglé a été porté à Montfaucon, et il a été mis de côté pour vous, d'après mes ordres, pour vous seuls ! — Est-ce que nous allons le manger ? s'informa Balzac. — Non ; mais dans le court espace d'une heure, vous aurez le spectacle, répondit M. Brissot-Thivars, le rare et magnifique spectacle de voir ce cheval, un des plus forts des écuries de lord Egerton, entièrement dévoré par les rats de Montfaucon, car les rats de Montfaucon, ne l'oubliez pas, sont les animaux les plus voraces, les plus féroces que vous aurez jamais connus. Ainsi, je vous ai ménagé la chasse aux flambeaux d'un cheval réduit en une heure à l'état de squelette par les rats. Maintenant, qui m'aime me suive ! »

Personne ne resta en arrière ; les flaques d'eau bourbeuse furent franchies, les dunes de boue attaquées avec rage, les fondrières traversées au vol, et, dans notre ivresse d'aller voir un cheval dévoré par les rats, nous nous livrâmes à toutes sortes d'excès sur la route. S'emparant du bâton noueux de M. Brissot-Thivars, Balzac alla donner de grands coups redoublés à la grossière porte de bois, lamée de fer et semée de clous, qui fermait l'entrée du théâtre des combats d'animaux. À ce bruit, il s'éleva, dans l'arène endormie, insolemment troublée dans son sommeil, un vacarme de voix et de cris à être entendu de Saint-Denis et au delà. Les chiens et vingt espèces de chiens, plus rogues et plus hargneux les uns que les autres, dogues, boule-dogues, mâtins, danois, chiens loups, aboyèrent en secouant leurs chaînes, et, à ces hurlements, rendus plus déchirants et plus lamentables par le silence de la nuit, se mêlèrent les beuglements de vingt taureaux. L'épisode nous ranima tout à fait, et nous poursuivîmes plus gaiement notre route, ayant maintenant à droite les buttes Saint-Chaumont, frontières de Montfaucon, contre-forts de Belleville.

Nous nous trouvions encore à une certaine distance de notre destination, quand nous vîmes scintiller à travers l'obscurité une petite lueur rougeâtre, clignotante comme l'œil d'un homme ivre sur le point de s'endormir ou de s'éveiller. « Quel est ce palais de fées ? s'informa Balzac. — C'est, lui répondit M. Brissot-Thivars, un cabaret, et ce cabaret, ouvert le jour et la nuit, est connu de tous les employés de Montfaucon et de la Villette sous le nom de *Fontaine de Vénus*. — Vénus me paraît d'un choix bien heureux, dit Balzac, comme enseigne dans un pareil lieu. — Pour un sou, continua {{M.|Brissot}}, l'on y donne un verre de grog au poivre de Cayenne, que les habitués proclament délicieux. »

Nous étions arrivés à la porte du cabaret de la *Fontaine de Vénus*.

Avait-on signalé l'arrivée du chef de la salubrité publique, n'y avait-il qu'un mouvement spontané de popularité, dans ce qui suivit notre présence ; mais dès que nous fûmes devant la porte du cabaret, les charretiers qui conduisent la nuit ces étranges fourgons, sous le poids desquels les pavés sont longtemps émus, accoururent et nous offrirent un verre de leur fameux grog au vitriol, boisson si chaude, si âcre, si diaboliquement alcoolisée, qu'on éprouvait de l'ivresse rien qu'à en respirer la vapeur. Nous hésitions à boire, beaucoup à cause de la chose offerte, un peu à cause de ceux qui l'offraient. On a des préjugés ; mais qui a des préjugés doit rester chez soi. D'ailleurs, le docteur Gentil, qui, dans la localité redoutable où nous pénétrions, commençait ses fonctions de conseiller hygiénique, nous dit en latin : « Buvez maintenant, ou vous serez forcés de boire après. »

Le docteur Gentil avait grandement raison ; il faut se fortifier les organes avant d'affronter l'agressive atmosphère de Montfaucon.

Nous mettions à peine un pied mal assuré dans ce vaste emplacement indéterminé, enveloppé d'un brouillard bleu, derrière lequel miroitaient quelques pâles étoiles, car la nuit n'était pas finie, il s'en fallait au moins d'une heure qu'elle le fût, que nous entendîmes venir d'un autre rayon de route, clopin, clopant, mais vite, un véhicule bancal, moitié charrette, moitié radeau. Il criait, il bondissait, il tanguait, il se brisait les reins sur ses essieux. Il faillit enlever l'un des deux montants de la porte, ou de l'espèce de porte, fichée à l'entrée de Montfaucon, quand il tourna, sans ralentir sa vitesse, pour pénétrer dans l'établissement. Il était barbouillé de boue jusqu'au plancher.

Sur ce plancher, à claire-voie, se voyaient debout deux hommes entortillés dans des peaux de mouton, l'un ayant le poil de la bête en dedans, l'autre, plus coquet, en dehors. Le plus jeune tenait une torche allumée qu'il penchait et secouait pour éclairer le passage, et d'où dégouttaient des gerbes d'étincelles et des langues de flamme ; l'autre conduisait l'équipage, les rênes d'une main, un fouet de l'autre. Nous distinguâmes aux clartés rougeâtres qui paraissaient et disparaissaient sur ce char sinistre, quatre choses détendues qui ressemblaient aux quatre jambes d'un animal. Nous nous écartâmes pour laisser passer toutes ces flammes et tout ce bruit. La machine roulante s'arrêta ; aux deux hommes qui en descendirent, se joignirent deux autres hommes accourus du bout de l'établissement, qui tirèrent sans de trop grands efforts, ces quatre jambes ballantes et les mirent d'aplomb ou à peu près. Une forme presque inanimée se balança sur ces quatre pilotis tremblants. C'était un cheval.

M. Brissot-Thivars nous avait quittés un instant pour aller donner des ordres à ses administrés, les prévenir peut-être de l'arrivée des hôtes en faveur desquels quelque surprise avait été préparée dans l'établissement.

« Pauvre bête ! s'écria Balzac en soupirant à la vue de ce fantôme de cheval, voilà donc quelle est la fin de ces nobles animaux qui nous sont si attachés, si dévoués, si utiles pendant leur vie ; triste fin !

— Oh ! ce n'est pas fini, dit l'homme qui portait sur la poitrine une peau de mouton, la laine en dedans.

— Comment, ce n'est pas fini ? je ne vois pas ce qu'on pourrait encore…

— Non, mon bourgeois, non, ce n'est pas fini. Et la chair, est-ce que vous la comptez pour rien ?

— Quelle chair ?

— La chair des chevaux, donc !

— Est-ce que vous auriez le projet de manger la chair de ce cheval ?

— Mais… oui. D'abord nous en prélèverons le filet pour nous deux, pour la famille de mon camarade et pour la mienne, et nous l'accommoderons aux petits oignons ; et c'est ça un fin manger ! vous diriez, parole d'honneur, de la perdrix aux choux ; et ce que nous ne voulons pas, l'entre-côte, par exemple, nous le vendons à d'autres qui en feront, sauf votre respect, des grillades délicieuses, des biftecks… Ah ! messieurs, quels biftecks… à se lever la nuit pour en manger. Ensuite…

— Il y a un ensuite ? » interrompit Balzac, qui n'avait eu jusque-là aucune idée bien arrêtée sur l'hippophagie dont il n'a été sérieusement question du reste que dans ces derniers temps, où la chose a été envisagée avec beaucoup moins de dégoût.

L'homme à la peau de mouton, dont la laine était en dehors, ne disait rien : ce fut encore l'autre qui continua ainsi :

« Et les restaurants de Paris, et les petits cabarets des barrières, vous vous imaginez par hasard qu'ils se privent de faire manger du cheval à leurs pratiques ! Ils sont bien trop heureux que nous leur en débitions toute l'année….. Au prix où est le bœuf, que deviendraient-ils sans Montfaucon ? Montfaucon, c'est leur marché de Poissy, leur halle à la viande, leur quai de la Vallée.

— Manger du cheval ! vendre de la viande de cheval ! » n'en répétait pas moins Balzac. « Quel horrible écart de la civilisation retournant à l'anthropophagie par l'hippophagie ! Aujourd'hui, on mange le cheval, demain on mangera le cavalier. Un repas n'est plus séparé de l'autre que par l'épaisseur de la selle.

— Nous vendons bien autre chose que sa chair, » reprit l'homme à la peau de mouton tournée en dedans.

— Que vendez-vous encore ?

— Eh bien ! et la peau, et les crins, et les os, et les boyaux, et les sabots du cheval ! croyez-vous que tout cela soit perdu ?

— Oui, je sais, dit Balzac, je sais comme tout le monde, que vous vendez la peau de cheval aux corroyeurs, qui la passent ensuite, après diverses préparations, aux cordonniers, aux selliers, aux layetiers…

— Et les os ?

— Oui, avec les os on fait des boutons.

— Et du sucre ! monsieur, du sucre ! Avec les os de ce cheval que nous allons abattre sous vos yeux, on clarifiera la semaine prochaine le sucre que vous ferez fondre dans votre café. »

Le pauvre cheval grelottait et frissonnait au milieu de nous pendant cette étrange oraison funèbre.

Balzac était mélancolique : nous étions pensifs.

L'homme reprit, en promenant la torche résineuse enflammée sur l'échine pelée de l'infortuné animal dont les regards vitreux ne sortaient pas de l'immobilité de la mort : « Mais un cheval mort, c'est une bénédiction ; ça vaut cent fois plus qu'un cheval vivant. Et nous n'avons encore rien dit des boyaux !

— Les boyaux ! est-ce que vous les mangez aussi ?

— Oh non ! c'est vous qui les mangez.

— Comment, c'est nous ?

— N'est-ce pas dans les boyaux de cheval qu'on fourre la chair de ces saucissons si recherchés, que vous appelez saucissons de Bologne, saucissons d'Espagne, mortadelle ? »

Nous nous regardâmes tous avec un certain retour sur le passé qui nous fit froncer les sourcils.

« Vous avez beau faire, continua l'employé de Montfaucon, vous tâtez tous du cheval, soit sous une forme, soit sous une autre.

— Je ne connaissais pas les saucissons de cheval, dit Balzac, voilà ce qui s'appelle tirer parti de tout.

— Tout n'est pas là, monsieur ; n'oublions pas les intestins. Ah ! les intestins ! un fameux commerce avec Naples. Les plus belles cordes d'instrument y sont faites avec les intestins du cheval. »

Balzac leva le front aux étoiles :

« Et nous dansons au frémissement de ces intestins !

— Mais oui, monsieur ! »

Et, copiant la phrase de Balzac, l'homme redit : « On dansera au frémissement de ces intestins, » et il envoya un coup de pied au ventre du malheureux cheval, qui essaya de se plaindre et n'en eut pas la force.

« Ah ! c'est affreux ! s'écria Balzac : laissez mourir en paix et sans insulte cette pauvre créature. C'est bien triste ! bien triste ! ajouta-t-il, quand on songe que l'animal infirme, mourant, avili, qui est là, a été peut-être dans sa jeunesse un beau cheval de guerre, hennissant au bruit de la poudre, aux fanfares du clairon, qu'il est entré victorieux dans les murs d'une capitale conquise, piaffant, ondulant, portant en croupe le héros de quelque grande bataille gagnée. »

Jusqu'ici c'était l'homme qui portait la peau de mouton dont la laine était en dedans qui avait causé familièrement avec Balzac des propriétés du cheval destiné à l'abattoir : ce fut l'homme qui portait la peau de mouton dont la laine était en dehors, qui, saisissant au passage la réflexion de Balzac, lui répondit :

« Voilà ce qui s'appelle deviner juste ! Oui, cette pauvre bête a fait les guerres de l'Empire, comme vous dites. Elle a appartenu… elle a appartenu… à qui donc déjà a-t-elle appartenu ? » demanda cette peau de mouton à l'autre peau.

L'autre peau n'avait pas trop l'air de le savoir… Celle qui avait interrogé reprit :

« J'y suis ! elle a appartenu, nous a dit le cocher qui nous l'a vendue, à un maréchal ou à un général… je ne vous dirai pas trop lequel…

— Voilà ! dit Balzac, dont l'œil s'arrondit en escarboucle et lança une flamme. Que disais-je ? Et à quel général a appartenu ce cheval ? Vous l'a-t-on dit ?

— On nous l'a dit. »

L'homme avait eu le temps de chercher.

« Au maréchal…

— C'est donc un maréchal ?…

— Au maréchal Brune.

— À un ami de l'Empereur ! à l'un de ses compagnons les plus fidèles ! au soldat de Stralsund ! Et tout cela acheté quelques liards pour être vendu pour quelques mauvais sous après avoir été assommé, éventré, déchiré. Fi ! de la gloire et de la reconnaissance des hommes. Le maître du cheval, le héros, assassiné à Avignon, et le cheval abattu à Montfaucon. On reçoit ici d'émouvantes leçons de philosophie.

— Faites excuse, mon bourgeois, repartit l'interlocuteur de Balzac, un cheval à abattre ne coûte pas que quelques mauvais liards, ainsi que cela vous plaît à dire. Il est acheté douze francs, et quand il est détaillé de la manière que j'ai eu l'honneur de vous le dire, il rapporte de cinquante à soixante francs.

— Et c'est pour cinquante à soixante francs que vous allez priver du dernier souffle de vie cet intéressant animal ! Laissez-le donc expirer de vieillesse, comme Dieu veut que nous mourions tous, bêtes et gens. Voulez-vous cent francs de votre cheval ? »

Les deux hommes aux peaux de mouton se regardèrent ; il y avait déjà quelques minutes qu'un échange de signes intelligents se pratiquait entre eux, sous le nez enthousiaste et philanthropique de Balzac, qui recommença sa proposition :

« Voulez-vous cent francs de votre cheval ?

— Dame ! »

Ce mot suspensif ayant paru à Balzac une nouvelle hésitation, il renouvela sa question sous une forme plus acceptable encore :

« Voulez-vous cent vingt francs ?

— Ça y est ! Va pour cent vingt francs.

— Vous allez mettre ce cheval dans le meilleur coin de l'écurie : entendez-vous ?

— Soyez tranquille, bourgeois : il aura la chambre d'ami.

— Vous lui ferez une bonne litière, continua Balzac.

— Il sera dorloté comme aux Incurables.

— Je reviendrai pour voir si vous en avez bien soin.

— Venez, bourgeois : bien entendu que s'il meurt, vous ne nous mettrez pas sa mort sur le dos ?

— Non.

— Que vous payerez trente sous par jour pour sa nourriture jusqu'à ce moment-là ? »

Balzac allait dire oui et donner l'autorisation au docteur Gentil, chargé alors de ses maniements d'argent auprès de la maison Béchet, de traiter de l'affaire du cheval avec ces maquignons d'une nouvelle espèce, quand M. Brissot-Thivars, qui venait nous chercher pour d'autres plaisirs, ayant entendu les derniers mots de ce marché, dit de sa voix de Jupiter-Tonnant :

« Ah ! çà, mais tout ceci est une plaisanterie, une vraie plaisanterie : vous êtes leurs dupes. Ces drôles jouent tous les jours la même comédie aux trop sensibles visiteurs de Montfaucon. Ils vous prendront vos cent ou cent vingt francs, et ils vous présenteront dans un mois une note de cinquante francs pour frais de nourriture d'un cheval qui n'a que douze heures à vivre, quelle que soit la nourriture qu'on lui donnerait, d'une rosse limousine qui n'a pas plus appartenu au maréchal Brune qu'au maréchal Lobau, à l'empereur Charlemagne qu'au paladin Roland. Mais le premier cheval fourbu, fracassé, à demi mort qui va entrer ici dans cinq minutes, aura eu l'honneur, à en croire ces messieurs, de faire la guerre sous le maréchal Ney, sous le roi Murat. Pour les partisans de l'Empire, il se sera trouvé à Waterloo où il aura reçu deux coups de lance dans le poitrail ; pour les légitimistes, il aura été monté par Charles X le jour de son sacre à Reims. — Filez vite, dit M. Brissot-Thivars, changeant le registre de sa voix, aux deux biographes de Montfaucon ; emportez ce cheval ; et vous, messieurs, veuillez me suivre. »

Avant de nous conduire à la partie réservée de Montfaucon, où nous étions destinés à jouir du spectacle si haut en goût du cheval de lord Egerton dévoré par les rats, M. Brissot-Thivars nous introduisit dans une espèce de tanière éclairée par deux lumignons fumeux qui laissaient voir, assises par terre, plusieurs femmes occupées à mettre par ordre de races les chiens assommés, étranglés, écrasés, étouffés à Paris dans la nuit.

Quelles femmes ! de véritables Canidies : des touffes de poils blancs et roux s'échappaient en colère de dessous les mouchoirs flétris qui emmaillotaient leurs têtes. Leurs manches étaient retroussées jusqu'aux épaules, et avec leurs mains de sorcières dont les ongles simulaient des griffes, elles accomplissaient dans ces demi-ténèbres leur besogne, qui consistait non-seulement à classer les chiens, ainsi que je viens de le dire, mais en outre à les dépouiller de leurs colliers de cuivre. Il n'y avait pas d'autres sièges autour de nous que ces chiens empilés. Nous nous assîmes donc tous les quatre sur des piles tremblantes de chiens, et nous examinâmes le travail de ces dames. Balzac dévorait des yeux ce tableau de l'école de Teniers, et il étudiait surtout avec sa lumineuse curiosité, avec ses propriétés d'alambic, car on peut dire qu'il distillait déjà tout objet passant par ses yeux pour pénétrer à son cerveau ; il étudiait en ce moment, disons-nous, les plis, les rides, les crevasses, les ravins, les fondrières qui se faisaient sur le visage de ces femmes boucanées par le feu perpétuel de l'eau-de-vie, lorsqu'elles épelaient à haute voix les noms des chiens gravés sur leurs colliers, les adresses et les devises qui accompagnaient ces noms.

Comme ces noms étaient presque toujours choisis avec coquetterie, comme ces devises exprimaient un attachement délicat de l'animal pour son maître ou pour sa maîtresse, et que depuis longtemps tout sentiment fin relevant de l'intimité n'avait plus rien de commun avec ces femmes, véritables sauvages de la civilisation, Parisiennes de l'Océanie et de la mer du Sud, c'était un concert d'ironies et de moqueries quand elles lisaient, par exemple, sur les colliers qu'elles dénouaient : *Je m'appelle miss Violette, et je demeure rue de Provence, nº…* — Ou bien : *Mon nom est Printemps, mon maître s'appelle le comte de…, rue de…* — Ou bien : *Ramenez Zulma à sa bonne petite maîtresse qui l'attend rue de… nº…* — Tiens ! disait une sorcière à l'autre, emballe-moi *miss Violette* avec tous les caniches anglais. Sont-ils bêtes avec les noms qu'ils leur donnent. Où vont-ils donc les pêcher ? Tous les chiens devraient s'appeler Mouton et fournir douze livres de graisse.

— Ça se vend donc, la graisse de chien, demanda Balzac, que vous en parlez avec ce respect ?

— Voilà une question ! Et avec quoi voulez-vous qu'on fasse frire toutes les pommes de terre et tout le poisson blanc qu'on vend dans Paris ? Miss Violette, que voilà, fournira son bon petit pot de graisse, et Zulma en rendra au moins deux livres. Nous la ramènerons à sa bonne petite maîtresse à l'état de saindoux.

— Qui te donnera la récompense promise !

— Ça fait rire monsieur.

— La graisse de chien égaye beaucoup monsieur. »

Balzac riait beaucoup, en effet, des acteurs, des personnages et de la mise en scène de ce spectacle que nous donnait un coin du vaste charnier de Montfaucon,

L'inspecteur de la salubrité publique était heureux de voir l'intérêt de vive curiosité que nous apportions à ces mœurs dont jusqu'alors nous n'avions eu aucune idée. « Questionnez-la un peu, dit-il tout bas à Balzac en lui montrant une de ces femmes employées au dépouillement des chiens ; sachez ce qu'il y a chez ces êtres si à part dans la civilisation. »

Véritablement, celle que M. Brissot-Thivars désignait, sans être tout à fait une beauté grecque, méritait qu'on la distinguât de ses compagnes. Comment, en un tel lieu, portait-elle à ses joues fraîches et fleuries les signes charmants de la jeunesse et le caractère de la santé ? c'est ce que nous ne pouvions comprendre et que M. Brissot-Thivars expliquait, lui, sans hésiter, et peut-être avait-il raison, par la supériorité nutritive de la chair de cheval.

Balzac, qui ne demandait pas mieux que de faire de l'anatomie de mœurs, n'importe en quel endroit, rapprocha son siège, formé de chiens tressés, du divan de chiens où siégeaient ces dames. Nous opérâmes le même mouvement, et l'auteur de la *Physiologie du Mariage* entama ainsi le dialogue :

« Quel âge avez-vous bien, princesse ?

— Vingt-quatre ans, répondit la princesse de Montfaucon, en ôtant sa pipe de la bouche, car elle fumait et puisait de temps en temps de l'eau-de-vie dans un petit seau de métal attaché par une chaînette au goulot d'un flacon qui ne restait guère en repos sur sa base.

— Êtes-vous mariée ?

— Au treizième[5].

— Je m'en doutais, princesse.

— Allez, ce n'est pas le *plus pire* des arrondissements. Il n'y a pas de ça dans les mariages qu'il bénit… » Et avec son pied elle alla remuer le monceau de colliers qu'elle avait détachés du cou des chiens. La métaphore était parlante.

« Vous êtes donc heureuse en ménage ?

— La plus heureuse de la montagne de Belleville et des buttes Saint-Chaumont.

— Vous ne désirez rien, à ce compte, ô princesse fortunée ? votre mari, votre commerce de chiens, voilà le comble du bonheur pour vous ? »

Elle ôta de nouveau sa pipe de la bouche et but, avant de répondre, un autre petit verre.

« Oh ! non, répondit-elle ensuite : je rêve autre chose. »

Le mot *rêver* nous renversa. Comment ce mot, resté si poétique malgré ses longs services, était-il arrivé à ce bout du monde ? Grand mystère ! Il fallut l'accepter.

« Et que rêves-tu, puisque tu rêves ? lui demanda M. Brissot-Thivars en se mettant en travers de l'interrogatoire de Balzac, dont il ne soupçonnait pas toute l'habileté. Je gage que je le sais. Tu rêves une belle maison à toi dans la rue de la Paix.

— Non, je ne *me coiffe* pas de maison comme ça. J'aimerais mieux, d'abord, une campagne à Pantin.

— Alors, c'est une belle voiture que tu voudrais avoir ?

— Une voiture ! ah ! bien oui ! Je ne puis pas seulement supporter l'omnibus. Le cœur me manque quand j'y monte.

— Alors, tu voudrais avoir des cachemires de l'Inde ?

— Je ne sais pas ce que c'est.

— Beaucoup d'argent ?

— C'est pas bien malin de faire un pareil souhait. Vous aussi, vous désirez en avoir beaucoup. Ça n'a rien de bien particulier.

— Alors, je ne devine pas.

— Mon pauvre Brissot, dit Balzac à l'inspecteur désappointé, laissez-moi me mettre à votre place. Votre bonheur le plus grand, ajouta Balzac en se tournant vers la femme si stérilement interrogée par `Brissot-Thivars`, votre rêve le plus caressé, puisque rêve il y a, princesse, ce serait, je vais vous le dire : ce serait d'avoir un bureau de tabac où vous vendriez de l'eau-de-vie sur le comptoir.

— Il l'a dit ! s'écria la femme en arrachant une dernière fois sa pipe de la bouche et en s'élançant pour embrasser Balzac, qui l'éloigna en disant ; « Le matin, je crains l'odeur du jasmin. »

Nous félicitâmes Balzac sur sa divination ; mais je dois ajouter — non pour vouloir diminuer en rien un rare talent d'observation chez lui — qu'il était à peu près sûr de ne jamais se tromper en supposant, les yeux fermés, dans toutes les occasions possibles, qu'un bureau de tabac est le suprême désir de presque toutes les femmes, à commencer par la veuve du colonel, jusqu'à la portière de la dernière maison du faubourg Saint-Marceau. Balzac lui-même abusa quelquefois du bureau de tabac dans sa vie. Je sais de lui une promesse qui reposait sur l'obtention d'un bureau de tabac, dont il eut bien du mal à se dégager.

« Messieurs, nous dit M. Brissot-Thivars, les rats nous attendent.

— Ne faisons pas attendre plus longtemps ces messieurs, ajouta Balzac : ils ont droit à tous nos respects. — Allons aux rats ! »

Nous nous levâmes tous, et nous partîmes pour aller voir les rats manger le cheval réservé à leur voracité, et gardé à notre intention comme le bouquet de la fête que nous donnait Montfaucon.

À travers des terrains spongieux, rendus plus mous encore par de grosses pluies tombées depuis plusieurs jours, nous nous acheminâmes vers le point de l'établissement où nous attendait ce beau spectacle.

Ici se place naturellement la description de la mise en scène de notre cortège nocturne, mise en scène moins riche en décors ; moins somptueuse en costumes, moins féerique, sans doute, que celle de l'opéra de la *Juive* ou des *Huguenots*, mais d'un caractère cependant qui répondait avec harmonie à la physionomie excentrique du drame préparé pour nous, et qui allait s'agiter sous nos yeux à cette dernière heure de la nuit.

Douze hommes de l'endroit, chacun d'eux portant dans la main droite une torche de résine allumée et une longue échelle sur l'épaule gauche, nous devançaient avec une certaine circonspection mystérieuse ; quatre autres n'ayant que des échelles, nous suivaient dans le même silence de conjurés. C'est la nuit, il est probable, qui prête cette teinte catilinaire aux démarches qu'elle voile. Quoi qu'il en soit, nous ne devions pas être fort gais à voir passer dans l'ombre, avec nos torches incendiaires. Je pensais, à part moi, à Samblançay, conduit pareillement entre des flambeaux, pour être pendu à ce même Montfaucon sous le règne du bon François Ier et par le bon plaisir de son excellente mère madame d'Angoulême. Nous étions à l'endroit même aussi où s'élevaient les fourches patibulaires auxquelles il fut accroché par le lieutenant

Maillard. Il ne manquait que les corbeaux ; nous n'allions pas tarder à les entendre.

Sur nos flancs marchaient des chiens couleur de la nuit ; ils avaient, on va le voir, bien d'autres raisons pour nous accompagner que leur invincible habitude de ne jamais se séparer de leurs maîtres. C'est de la famille nombreuse de ces chiens, de leurs tribus féroces que l'on tirait alors — j'ai dit la date de l'époque où je me suis placé — les chiens gladiateurs qui luttaient deux fois par semaine avec d'autres chiens non moins féroces qu'eux, aux spectacles, renouvelés des Romains, de la sanglante barrière du Combat ; si terribles, si meurtriers les uns et les autres, que la police, en supprimant ces combats, supprima du même coup les chiens, malgré les réclamations pleines de tendresse des bouchers de la banlieue de Paris. Et ce fut double justice. Il n'en existe plus aujourd'hui que quelques rares échantillons à peu près sans emploi, car ils ne tuent plus personne, et ils ne se tuent plus entre eux. Chiens burgraves.

Ceux qui faisaient partie de notre expédition étaient des dogues et des boule-dogues issus par croisement, et un croisement surveillé de près, des races anglaises et saxonnes les plus renommées : tête carrée, anguleuse, oreilles courtes, œil bombé et sanglant, dents de fer, museau brûlé, poil jaune-sale, reins râblés, pattes d'éléphant. On en a vu, à ces formidables jeux des barrières, crever le poitrail d'un taureau, et eux-mêmes, le ventre ouvert d'un coup de cornes, casser, avant d'expirer, les reins à un âne.

Tels étaient nos jolis éclaireurs ; telle était notre garde d'élite. Si l'un d'eux s'éloignait de sa ligne, un vigoureux coup de pied dans les flancs le ramenait bien vite ; mais, si prompt qu'il fût à l'obéissance, il ne rentrait dans l'ordre qu'après avoir montré une enfilade de dents prêtes à dévorer son mentor, et comme s'il eût voulu lui faire comprendre, par cette grimace blanche et silencieuse, qu'il n'acceptait la correction qu'à titre de caresse, de simple jeu de l'amitié. Si une folle rage, telle qu'ils en éprouvent souvent, eût tourné ces chiens contre nous, nous aurions été déchirés, massacrés en cinq minutes, guides et curieux.

Mais nous voici parvenus aux pieds d'un mur circulaire ou à peu près circulaire, car rien dans cet endroit ne présentait une forme correcte, un dessin arrêté ; la substance même des objets n'avait rien de la réalité ordinaire. Ainsi, les terrains avaient l'inconsistance d'une éponge ; la boue la légèreté de l'eau, l'eau l'épaisseur de la boue ; les monticules dont se hérissait le sol offraient la friabilité du sable ; les maisons des gardes et des employés, l'ébriété chancelante de pierres mal superposées ; les cinq lacs enfermés dans le périmètre de l'établissement, l'aspect désolé de cinq débordements ; et le seul moyen de respirer consistait à retenir son haleine.

Les échelles furent appuyées contre ce mur, et après une ascension assez rigide, nous et nos douze porte-torches nous en couronnâmes la crête.

Nos regards plongèrent alors dans une enceinte encore assez vaste, où étaient conduits les chevaux condamnés à être abattus. Plusieurs ossuaires, çà et là éparpillés, indiquaient cette funèbre destination. Il nous fallut quelques minutes de recueillement pour habituer nos yeux à la perception des particularités, d'ailleurs assez restreintes, du local. Le fond de cette cuve mal pavée était déchiré par les lignes de plusieurs rigoles en pierre de liais aboutissant au bord même de la circonférence du mur, et chacune de ces longues et irrégulières rigoles se terminait par une grille perpendiculaire, placée là, je présume, pour arrêter les corps solides et ne laisser passer que le sang. Ce sang courait ensuite souterrainement vers un lac, un véritable lac où l'on pouvait se promener en bateau. Cette expression, *un lac de sang*, cessait là d'être une métaphore. Il y avait lac, rives, vagues et barcarolles. Un lac d'une étrange beauté, comme a pu le rêver Néron, le grand poëte écarlate.

Nous attendions toujours sur la crête de notre mur. Le rideau allait se lever !

Une grille de fer s'ouvrit dans l'épaisseur du mur ; quatre hommes entrèrent aussitôt dans l'enceinte en traînant après eux, avec des cordes, le cheval mort, le héros de la fête, l'acteur principal que nous attendions avec des battements de cœur. Quand ils l'eurent rapidement dégagé de ces derniers liens sur la terre, pauvre créature qui en avait tant porté depuis sa naissance : et dans quel moment on l'en délivrait ! — pour lui donner la liberté de la mort — quand ils l'eurent laissé tout nu sur les pierres, ils s'éloignèrent et repoussèrent derrière eux la grille de fer. L'ouverture était jouée : l'action s'entamait.

Par toutes les grilles ouvertes au bout des rigoles, et sans doute par bien d'autres soupiraux masqués, apparurent aussitôt quelques rats attirés par l'immense régal. C'étaient des tirailleurs. Plusieurs, détachés de ce premier peloton, s'avancèrent sur la pointe des pattes jusqu'à quelques mètres de la bête, et là ils tournèrent, d'un commun mouvement, leurs museaux pointus et leurs frémissantes moustaches vers les grilles par où ils étaient entrés, comme pour s'assurer, au besoin, le chemin d'une retraite. On a parlé de la prudence du serpent ; cette prudence est aussi fausse que la modestie des violettes ; rien n'est moins prudent que le serpent, qui siffle, qui bondit, qui emploie tous les moyens imaginables pour trahir sa présence : rien n'est moins humble que la violette, la première des fleurs qui lève le nez après l'hiver et qui s'en va la dernière après l'automne, si toutefois elle s'en va jamais. Parlez-moi de la prudence du rat ! C'est l'animal contre lequel on a dressé le plus d'embûches depuis la sortie de l'arche, où le bon Noé aurait bien dû ne pas le laisser entrer, et c'est l'animal qui s'est le plus multiplié sur la terre.

Continuons l'épopée de ceux de Montfaucon.

Leurs premiers mouvements de timidité disparurent dès qu'ils se virent entourés par d'autres rats accourus pour prendre part à la curée. Le nombre les encouragea les uns les autres, et le pavé commença à se tacher à toutes les distances de ces corps qui augmentaient et se mouvaient. Balzac nous fit remarquer avec une spirituelle justesse d'attention que, parmi ces rats, il y avait progression de taille et de force des premiers aux derniers, ou plutôt des premiers aux suivants, car les derniers étaient loin d'être encore arrivés. Ceux qui s'étaient présentés d'abord, maigres, allongés, chétifs, avaient été suivis par d'autres d'un embonpoint plus généreux, lesquels, à leur tour, avaient été suivis par d'autres plus gros, procession graduée qu'il expliquait par une plus grande faim chez les premiers que chez ceux qui étaient venus ensuite. Prolongeant l'induction, Balzac, toujours d'après leur mine et leur allure, leur prêtait une profession ou une position sociale, afin de mieux expliquer encore leur plus ou moins de volume au point de vue de la santé et au point de vue de la considération personnelle. À mesure qu'ils se montraient, Balzac nous disait : « Voilà un clerc d'huissier à vingt francs par mois, sans déjeuner. — Voilà un surnuméraire aux finances. — Ah ! celui-ci est commis à douze cents francs : il est moins creux. — Celui-ci a deux mille francs, mais il a des vices. — Ah ! voici un chef de division : il prend du ventre. — Ah ! voilà un rentier : il est chauve. » On comprend que cette description physiologique ne fut pas de longue durée : quelle observation eût suffi à la multiplicité indéfinie des nouveaux survenants ? Le fond de la cour allait disparaître, il disparaissait à vue d'œil sous un tapis de rats : rats noirs, rats bistres, rats fauves, rats jaunes, rats marrons, rats gris, rats cendrés, rats bleuâtres, même rats blancs, — les doyens d'âge. Avant qu'il ne fût tout à fait couvert, nous remarquâmes qu'il partit de la masse un détachement de rats plus hardis, plus aventureux que les autres. Ils allèrent sur trois colonnes, et triangulairement, vers le cadavre du cheval, qu'ils occupèrent. Ce fut comme une reconnaissance militaire qui avait réussi. Alors, les autres compagnons, rassurés, marchèrent avec beaucoup plus de résolution. Il y eut ébranlement général, la division avança ; et, tandis que ceux que je viens de montrer grimpant sur les flancs ballonnés du cheval s'occupaient de découdre sa peau d'un bout à l'autre, ainsi qu'un tailleur découdrait un vieil habit pour en faire des morceaux, des centaines, des milliers, des myriades de rongeurs accouraient par toutes les ouvertures, mais drus, pressés, effarés comme des spectateurs effrayés qui chercheraient à sortir d'une salle de spectacle où serait le feu. Ils montaient les uns sur les autres, et leurs mouvements et leurs petits sifflements aigus, qu'on n'entendait pas d'abord, produisirent par degrés, en se multipliant, le bourdonnement de la foule, un murmure d'où sortaient des cris qui avaient presque le son de la voix humaine. C'est que la vie bouillonnait dans cette matière animée. Le sol ne tarda pas à être couvert d'un demi-pied de cette chair en fermentation. Je frémis quand je pense que si quelqu'un de nous était tombé là-dedans… Les chacals ne dévorent pas plus vite.

« Est-ce beau ! s'écria le spirituel M. Brissot-Thivars avec orgueil et comme Carter devant sa ménagerie ; est-ce beau !

— Superbe ! répondit Balzac en envoyant un salut de la main : superbe ! Ce sont là vos lions ?

— Comme vous dites, mes lions. Les entendez-vous rugir ?

— Je les entends rugir. Bien rugi, Montfaucon !

— Savez-vous, continua M. Brissot-Thivars en désignant les innombrables légions de ces redoutables destructeurs que nous avions sous les yeux, savez-vous que si un jour, par une cause qu'il n'est pas chimérique d'imaginer, ces nuées de rats descendaient dans Paris, tout un quartier serait dévoré ou terriblement endommagé !

— En vérité ? demanda Balzac, charmé de connaître ce danger auquel Paris était exposé.

— Rien n'est plus vrai. Un mouvement de terrain après un orage peut amener l'événement.

— Paris, envahi par les rats de Montfaucon ! quel spectacle ! Est-ce qu'on ne pourrait pas essayer la chose, dit Balzac, émerveillé de son idée ; se donner comme une répétition générale d'un plaisir que nos descendants seuls verront peut-être ? Si l'on se passait de l'orage… si l'on provoquait un peu soi-même ce mouvement de terrain dont vous parlez, cher inspecteur ?…

— Vous voudriez que moi, chargé de protéger Paris contre toutes les éventualités de Montfaucon, je misse la main à un complot… ah !

— Mais quelle émotion ! c'est bien tentant ! Voyez-vous descendre, par sept ou huit barrières, dans Paris, des troupeaux de rats, sur un ou deux mètres d'épaisseur, renversant les employés de l'octroi et se répandant à travers vingt quartiers encore endormis ? Quel réveil ! Les marchands referment bien vite leurs boutiques, qu'ils se disposaient à ouvrir ; les fiacres, dont les chevaux s'emportent, courent vers la Seine pour mettre le fleuve entre eux et les hordes de ces nouveaux Attila ; les portiers se regardent épouvantés sur le seuil de leurs maisons, dont la base a disparu sous le flot de la marée vivante.

« Peignez-vous maintenant le quartier de l'Opéra, attaqué à son tour. Je me figure l'étonnement de ces dames de la rue de la Victoire, de Provence, du Helder et de la rue Saint-Lazare, à qui leurs femmes de chambre viennent dire avec épouvante : « Sauvons-nous, sauvez-vous ! — Mais qu'y a-t-il ?… Est-ce que la police ?… Est-ce que des huissiers mal-appris ?… — Il s'agit bien de ça ! la maison est pleine de rats. — De rats ? — Oui, mesdames, de rats ; ils ont mangé le concierge, trois pianos ; ils sont dans l'antichambre : les entendez-vous ! — Fuyons, alors : mes chevaux ! mes chevaux ! — Ils sont dévorés, madame. — Sautons par la fenêtre ! — Impossible ! les rats sont dans la rue, qu'ils dépavent. »

— Vous plaisantez, cher monsieur de Balzac ; les désastres qu'ils causeraient par leur invasion seraient sans doute beaucoup moins originaux, mais ils n'en seraient pas moins réels ; ne savez-vous pas ?…

— Je ne plaisante pas ! interrompit Balzac, et je sais qu'Édimbourg, au dix-huitième siècle, faillit être dévoré, non pas précisément par les rats, mais bien par les punaises. Il fallut démolir les deux tiers de la ville pour sauver l'autre tiers. Donc, une ville peut fort bien être rongée par les rats, quand une autre l'a été par les punaises, et bien d'autres en

Afrique par les sauterelles. Seulement je préférerais être mangé par les sauterelles à l'être par les rats, et surtout par les punaises, si j'avais le choix de mes convives. Mais quel beau titre de chapitre pour un roman : *Comment, du soir au matin, tout un quartier de Paris disparut mangé par les rats.*

— Chut ! dit le docteur Gentil, la grande dissection commence. »

Le docteur avait raison : les rats de Montfaucon avaient ouvert le cheval, et ils le taillaient, le trouaient, le traversaient, l'émiettaient ; travail de destruction qu'il ne nous fut plus permis, quelques instants après, de distinguer ni de voir, le cheval ayant complétement disparu sous ces hideuses bêtes qui, s'attachant, avec la précision vorace des sangsues, autour de sa forme rebondie, nous offrirent bientôt le spectacle d'un second cheval formé de mille rats, composé de tous ces poils et de toutes ces pattes qui remuaient. Et quel cliquetis ! Nous entendions les craquements des dents ; le bruit des fourchettes montait jusqu'à nous. Parmi ces impitoyables rongeurs quelques-uns me parurent de la grosseur d'un chat. Mais quel chat eût osé se mesurer avec de pareils adversaires ? Il eût été avalé comme une perdrix par un renard ; il eût été englouti au vol. On va voir si nous exagérons.

« *Il est temps !* dit M. Brissot-Thivars à l'un des hommes qui, du haut du mur, éclairaient cette scène avec la résine en combustion.

À cet ordre du chef, l'homme désigné lança sa torche dans l'arène et elle alla tomber à une petite distance de l'endroit où les chacals de Montfaucon accomplissaient leur meurtrier festin. Il plut du feu sur tous les Lucullus ; cette ondée incandescente fut seule assez forte pour obtenir le résultat qu'on attendait. Il s'éleva un cri comme celui de plusieurs enfants qu'on égorgerait, et une petite fumée roussâtre perça l'air en tire-bouchon. Il se fit un trou dans la masse mouvante, à l'endroit où était tombée la résine fondue. Au fond de ce trou nous vîmes un squelette : c'était celui du cheval. Il n'y avait plus de cheval.

Dans les cavités, cellules et compartiments de cette charpente, quelques rats trop repus s'étaient logés ; quelques-uns s'étaient endormis, de même que des buveurs fatigués par l'ivresse s'endorment sous la table du cabaret. Ils étaient ivres de cheval.

« *Maintenant, faites entrer les chiens !*

— Comment, ce n'est pas fini ! » s'écria Balzac, qui n'avait pas perdu une seule des rares et neuves jouissances d'observation causées par le spectacle, à coup sûr exceptionnel, dont nous étions tous encore étourdis, émus, terrifiés.

Les chiens entrèrent dans l'arène et le grand carnage commença. Les premières minutes furent belles pour eux. Ils tordirent des cous, cassèrent des reins, broyèrent des têtes par centaines. C'était du délire. Ils tuaient, ils aboyaient ; ils aboyaient, ils tuaient : ils faisaient des coups doubles, à l'instar des bons chasseurs. Le mâle et la femelle tombaient souvent sous la même morsure. Et quand ils les croyaient morts, nos braves molosses les secouaient de ci, de là, comme une paire de gants vides, ainsi qu'ils font souvent, en effet, pour s'amuser quand ils sont tout petits et qu'on leur livre un gant à mordiller ; puis ils les rejetaient, et recommençaient le massacre. Ils nagèrent en plein meurtre tant qu'ils voulurent, — non, tant qu'ils purent. Il n'y a pas de volupté qui ne s'épuise. Nous vîmes diminuer peu à peu l'exaltation, et la cruauté faire place à la clémence, à une clémence qui n'était, il va sans dire, que de la fatigue déguisée. Et pourtant, s'ils avaient beaucoup tué, ils n'avaient rien détruit, nos féroces jaguars de Montfaucon. Le premier quart d'heure avait été pour eux, le second ne le fut pas autant. Nous entendîmes des aboiements qui ressemblaient moins à des cris de victoire qu'à des accents de douleur. La réaction commençait. Nous vîmes saigner bien des oreilles, nous vîmes bien des naseaux de dogues, naseaux jusqu'alors respectés, auxquels se suspendaient des grappes de rats qui mangeaient à même leurs ennemis. On avait beau les secouer, ils ne s'en allaient pas, ils tenaient ferme, ils tenaient bien, si bien et si ferme, que je vis des masques entiers de chien arrachés. Et que d'autres s'en allaient traînant en hurlant une patte dolente ! que d'autres ne bougeaient plus ! Le reste, sans doute, se défendait vaillamment, mais il se défendait. On le voit, la position était changée. La chance aurait fini par fort mal tourner contre les chiens, si leurs maîtres, effrayés du danger, et aussi pour couronner la fête, n'eussent ouvert la grille, et les bras nus, les mains armées de bâtons, n'eussent fait invasion au centre de la mêlée indécise, hésitante, attachée au fil suprême de l'alternative qui va changer la victoire en défaite, la défaite en victoire. Quelle immense joie pour les chiens à la vue de ce renfort ! Ils retrouvèrent leur première énergie. S'ils avaient su le grec, ils n'auraient pas eu besoin de l'employer pour s'écrier : *Dieu, rends-nous la lumière et combats contre nous !* La lumière était tout naturellement revenue ; il faisait jour. Les torches n'étaient donc plus utiles pour voir ce qui allait se passer. Quoique pâle et grise, l'aube permettait de distinguer nettement les objets.

La lutte reprit. Les hommes furent superbes ; hommes et chiens le furent, à vrai dire. Chaque coup de bâton faisait partir des volées de rats ; on eût dit des perdrix. Les chiens, qui les happaient au vol, complétaient l'illusion.

Quel beau carnage ! Comme on attaquait ! comme on se défendait ! Il pleuvait du sang. Désespérés, exaspérés, les rats bondissaient sur le dos des chiens, grimpaient le long des hommes, couraient dans leurs barbes, autour de leur cou, dans les jambes, sur leurs épaules, dans leurs cheveux, soufflaient, sifflaient, se collaient, s'enroulaient autour des bâtons et mordaient le bois jusqu'à y laisser leurs dents. J'en ai vu s'élancer contre le mur et s'y briser la tête, ne voulant pas se rendre, se suicidant de rage, — des rats de l'antiquité ! Naturellement, la victoire demeura aux hommes, mais elle leur coûta cher. Un duel à coups de sabre avec leurs semblables ne les eût pas mis dans un pire état. La sueur et le sang ruisselaient de leurs fronts.

La fête était finie.

« Quel drame, n'est-ce pas ? dit à Balzac l'inspecteur de la salubrité publique.

— Vous appelez cela un drame ! s'écria de Balzac, ravi de sa nuit ; dites un poëme, et vous serez encore loin de la vérité[6] ! »

QUATRIÈME PARTIE

On était en plein été ; je crois même qu'on touchait à la fin de 1844. Oui, nous étions dans l'année 1844. Balzac habitait alors la fantastique maison de la rue Basse, à Passy.

Par une de ces journées étouffantes comme on n'en traverse guère qu'à Paris dans le mois de septembre, car je n'en ai jamais connu d'aussi mortellement chaudes à la même époque au milieu du Sahara, je me décidai, sur une invitation de Balzac, à me rendre à cette jolie habitation de Passy, très-jolie sans doute, mais collée comme une aire tremblante aux flancs périlleux d'une montagne. Rude ascension qui me fait palpiter et ruisseler les tempes rien qu'à la pensée de l'avoir tentée. Il y avait surtout à gravir, après la barrière, et tortueusement placée entre les hauts murs qui soutiennent la montagne de Passy, une ruelle d'une perpendicularité, d'une roideur, d'une fantaisie de contours, d'une difformité !... un vrai pèlerinage à accomplir. Balzac prenait souvent cet affreux chemin, très-mal famé du reste, quand il ne voulait pas être rencontré par les importuns. Rien n'était amusant, d'en haut, — petite cruauté amicale, — comme de le voir suer d'ahan, souffler comme un bœuf au soleil, rompre sur ses genoux, à travers les anfractuosités de cette brèche. Nous nous donnions souvent ce plaisir de belvéder, madame X... et moi, quand il avait promis de venir déjeuner, et qu'il n'était en retard que de deux ou trois heures.

Je suivis ce jour-là le bord de l'eau, espérant voler quelques bouffées d'air à la Seine. Je n'eus pas la moindre risée. Quelle fournaise ! Le cours la Reine était jaune comme de la paille de maïs. Joignez une poussière fine, corrosive, à cette atmosphère de feu. Il fallait que le dédommagement qui m'attendait à Passy fût bien grand pour me faire oublier ce voyage par un temps si lourd. Il alla au delà de toutes les compensations imaginables. J'aurais consenti à endurer vingt fatigues pareilles pour jouir de la surprise que Balzac m'avait ménagée ce jour-là.

Il était sept heures et demie environ quand j'entrai dans la salle à manger, celle que décorait, digne d'une galerie florentine ou vénitienne, son buste, chef-d'œuvre de David : un Titien peint au ciseau, un Van-Dyck de marbre. Cette riante pièce, dont nous avons déjà parlé, donnait sur le jardin et communiquait avec son cabinet de travail.

Balzac achevait de dîner : il avait à sa droite, près de lui, un rédacteur de la *Presse*, M. Robert, qui était venu lui demander la suite des *Paysans*, que publiait alors ce journal ; à sa gauche, madame X…, occupée à verser le café, et en face de lui un homme à figure bovine, large du front, bestiale du bas, solide, inquiétante, d'un caractère étrange : cheveux autrefois rouges assurément, aujourd'hui blancs-blonds ; regards autrefois bleus, aujourd'hui gris d'hiver. Ensemble complexe, rustique et subtil, d'une expression peu facile à définir d'un mot, d'un trait, du premier coup ; calme, cependant, mais calme à la manière redoutable des sphinx égyptiens. Il y a des griffes quelque part. Du reste, je dois dire ici que l'homme posa si habilement, pendant toute la soirée, son buste d'Hercule, mais d'Hercule après les douze travaux, fatigué et voûté, pendant tout le temps qu'il passa chez Balzac cette fois-là, qu'il me fut impossible de voir sa figure d'une manière assez suivie pour en retenir fermement les traits, pour pouvoir les grouper et les fixer plus tard sous la plume.

Ni à la lumière du jour, qui déclinait déjà beaucoup, il est vrai, quand je fus introduit, ni à la clarté des lampes qu'on ne tarda pas à apporter, cette figure ne se dévoila une seule fois franchement à mon regard. Je n'en saisis jamais qu'un quartier. N'y eut-il que du hasard dans cet accident, y eut-il de la volonté du personnage, c'est ce que je ne saurais affirmer : mais, par l'effet d'une cause ou d'une autre, ce masque m'échappa constamment sans qu'il y eût pourtant affectation apparente de sa part à se dérober à l'examen.

Quel était donc cet homme ? C'est avec un simple mouvement de ses mains, qui me parurent d'un beau moulage, d'une rare expression de souplesse et d'autorité, et qu'il agitait parfois avec la coquetterie qu'y aurait mise une femme, et qu'il laissait tomber aussi parfois avec la lourdeur royale d'une patte de tigre ; c'est avec leur simple mouvement, dis-je, qu'il sut échapper à toute minutieuse analyse. Tantôt il les faisait se rencontrer sur son front comme un homme occupé à empêcher sa mémoire de s'évaporer, et alors son visage était à demi invisible ; tantôt il plaçait l'une ou l'autre en écran au-dessus de ses sourcils, afin de garantir ses yeux du trop vif éclat de la lumière, ou bien il les croisait au repos sur sa bouche, ainsi qu'on fait dans les moments de profonde attention portée aux choses qu'on écoute. Et, singulière influence de cette individualité, je sentis, bien avant que Balzac m'eût présenté à ce convive, nouveau pour moi, qu'il remplissait l'espace où nous nous trouvions de sa puissance translucide : enfin, on éprouvait, — c'est du moins ma sensation personnelle, — qu'il n'y avait pas que le poids d'une seule planète souverainement intelligente dans le milieu où nous respirions. À côté de celle de Balzac il y en avait assurément une autre ce soir-là qui gravitait et attirait.

En enfonçant les doigts dans une grosse pêche de Montreuil qu'il se disposait à porter à ses dents de sanglier, et en me désignant d'un coup d'œil satisfait le personnage qui m'était inconnu, Balzac me dit : « Je vous présente M. Vidocq. »

À ce nom fameux dans l'histoire de la police, je me rappelai avoir entrevu ce type de Vautrin dans les allées des Jardies, mais sans que Balzac me l'eût jamais présenté, ni qu'il m'eût dit quel personnage officiel et mystérieux c'était. Comme j'avais appris à respecter toutes ses réserves et ses plus légères circonspections, sûr moyen de ne jamais se prendre de froideur avec lui, je ne lui avais pas demandé quel visiteur j'avais eu l'honneur de coudoyer sous son toit. Il jugeait à propos maintenant de rompre le charme ; je n'avais qu'à m'en réjouir. Le héros valait certainement la peine d'être connu, à cause de tout le bruit amassé autour de son nom, à cause des grosses et ténébreuses affaires de police secrète qu'il avait conduites avec la pénétration du génie et souvent résolues avec une audace chevaleresque. Balzac, et certes il avait en cela grandement raison, tenait en très-haute estime ces sortes d'aptitudes privilégiées commises à la surveillance des familles et à la sécurité publique. Il admirait surtout la divination de ces esprits subtils entre tous les esprits, qui ont le flair aigu du sauvage pour suivre à la piste un criminel sur l'induction la plus fugitive, sans induction même. Une voix leur parle. Ils sont saisis d'un tremblement nerveux comme l'hydroscope sur le rocher qui recouvre la nappe d'eau à cent pieds sous terre, et ils s'écrient : « Le crime est là, creusez, il y est ! »

Balzac lui-même aimait à se parer de cette rare intuition. Et que de preuves n'a-t-il pas données qu'il la possédait au plus haut degré en nous faisant suivre fil à fil les passions les plus cachées du cœur et en nous introduisant de dédale en dédale jusqu'au cœur même, la caverne où se fabriquent toutes les fausses monnaies, où se nouent toutes les conspirations, où se préparent tous les meurtres, tous les crimes avant d'entrer dans le monde de la réalité pour y être étudiés alors par ces autres moralistes, les grands génies de la police, les Lenoir, les Colquhoun, les Parent-Duchâtelet, et, dans un autre ordre d'intelligence, les Vidocq !

Le café fut servi par les belles mains dodues de madame X… On causa encore quelques instants avant d'allumer les bougies. Au moment où elles furent placées sur la table, M. Robert s'étant levé pour partir, Balzac se leva aussi et l'accompagna après lui avoir remis un paquet tout chiffonné, formé de pages de manuscrit et de placards d'épreuves, qu'il sortit des larges poches balantes de la veste de toile grise qu'il portait ordinairement l'été.

À la porte de la salle, ils s'arrêtèrent pour causer. Balzac, qui avait une grande estime pourM. Robert, aimait beaucoup à le consulter, à le mettre au courant, dans des confidences familières, de ses misérables tribulations d'écrivain, particulièrement des contrariétés de toutes sortes qu'il éprouvait depuis quelque temps dans ses relations avec le journal la *Presse*. Il ne faut pas croire que son prodigieux talent et son immense popularité le missent à l'abri des trahisons intimes de la maison. Il avait là de bons amis qui le démolissaient avec bonheur auprès des chefs. La bonne, l'adorable madame de Girardin n'était pas toujours assez puissante elle-même pour soutenir le crédit ébranlé de Balzac, maintenir l'autorité de son nom et faire prévaloir sur d'honorables eunuques la virilité de ses belles créations. Le ver à soie qui filait sa trame d'or avait ses araignées qui prétendaient filer aussi. On trouvait l'auteur du *Lis dans la Vallée* trop diffus, trop filandreux, anatomiste sans mesure, tapissier en diable, commissaire-priseur à l'excès, jamais assez dramatique, tirant tant qu'il pouvait au volume ; enfin les abonnés des départements se plaignaient, et quand l'abonné se plaint, il faut s'incliner, mieux encore, se mettre à genoux, rouler sa tête dans la poussière, obéir. Il n'était que trop vrai cette fois, cependant, que l'abonné de *Saint-Jean-de-Coq-en-Brie-sous-Bois* et celui de *Saint-Paul-en-Jarret* avaient réclamé contre le roman de Balzac en voie de publication : *les Paysans*. Ils menaçaient de cesser leur abonnement si l'on continuait à leur donner, par tranches quotidiennes, ce fastidieux roman de M. de Balzac auquel ils ne comprenaient rien du tout, qui intéressait bien moins, disaient-ils, que *la Femme aux yeux verts*, publié simultanément par le journal rival. Donnez-nous donc *des femmes aux yeux verts*, criaient l'abonné de *Saint-Jean-de-Coq-en-Brie-sous-Bois* et celui de *Saint-Paul-en-Jarret*, et faites-nous grâce de la suite de vos affreux, ennuyeux et odieux *Paysans*.

Ces protestations réitérées avaient fini par porter coup : l'administration de la *Presse*, à tort ou à raison, s'était émue. Chaque jour, par missive ou par messager, Balzac était prié de modifier, de couper surtout, de couper beaucoup, dans *les Paysans*, cette colossale et neuve étude de mœurs, même après Molière, où il a si admirablement peint ces matois, ces rusés coquins d'hommes des champs. Et l'infortuné Balzac coupait, mais jamais assez. On parlait de suspendre résolûment la publication s'il ne se résignait pas à faire de plus larges sacrifices. Tel était l'état des relations de bonne amitié entre la *Presse* et Balzac à ce moment-là ; telle était sa situation personnelle d'écrivain, et il en causait presque à haute voix avec M. Robert en le reconduisant, tant son cœur aigri débordait par ses lèvres.

Quand la conversation fut finie, Balzac revint prendre sa place à table ; il souriait, mais cette gaieté me parut blafarde et forcée, et je doutai fort que Vidocq, à l'œil d'aigle, n'eût pas remarqué la fausse quiétude de notre hôte, qui, après avoir bu un grand verre de vin de Château-du-Pape, espèce de vin gros et noir qu'il prisait beaucoup, je ne sais trop pourquoi, dit au grand homme de la police : « Vous disiez donc, tantôt, monsieur Vidocq ?…

— Je disais que vous vous donnez bien du mal, monsieur de Balzac, pour créer des histoires de l'autre monde, quand la réalité est là devant vos yeux, près de votre oreille, sous votre main.

— Ah ! vous croyez à la réalité ! vous me charmez. Je ne vous aurais pas supposé si naïf. La réalité ! parlez-m'en : vous revenez de ce beau pays. Allons donc ! c'est nous qui la faisons, la réalité.

— Non, monsieur de Balzac.

— Si, monsieur Vidocq ; voyez-vous, la vraie réalité, c'est cette belle pêche de Montreuil. Celle que vous appelleriez réelle, vous, celle-là pousse naturellement dans la forêt, sur le sauvageon. Eh bien ! celle-là ne vaut rien, elle est petite, aigre, amère, impossible à manger. Mais voici la réelle, celle que je tiens, qu'on a cultivée pendant cent ans, qu'on a obtenue par certaine taille à droite ou à gauche, par certaine transplantation dans un terrain sec ou léger, certaine greffe ; celle enfin qu'on mange, qui parfume la bouche et le cœur. Cette pêche exquise, c'est nous qui l'avons faite : elle est la seule réelle. Même procédé chez moi. J'obtiens la réalité dans mes romans, comme Montreuil obtient la réalité dans ses pêches. Je suis jardinier en livres. »

Vidocq versa lentement de l'eau-de-vie dans son café et se borna, pour toute réponse, à promener la tasse sous son nez.

« Vous n'êtes pas convaincu, je le vois, mon cher monsieur Vidocq ; mais toutes les fois que des gens sont venus me dire : « — Monsieur de Balzac, j'ai un superbe sujet de roman à vous confier ; vous ferez un chef-d'œuvre avec ça ; » — je n'ai rien trouvé qui valût la peine… Quand le fait y était, les détails, qui sont tout, les détails manquaient complètement, quand, au contraire, on m'apportait de jolis détails, bien gais, bien friands, à *se lécher les badigoinces*, comme dit mon compatriote Rabelais, le sujet n'existait pas. Toujours la pêche de Montreuil, toujours le chasselas de Fontainebleau et la poire de Bon-Chrétien. Ça se fait, ça ne vient pas seul. »

Vidocq, en tenant sa tasse en l'air après l'avoir vidée à demi et de manière à ne laisser voir qu'un œil entre le dessin de l'anse et la courbure de la tasse, répondit à Balzac : « Si, ça vient seul quelquefois.

— Jamais ! jamais ! jamais !

— Si fait ! monsieur de Balzac, si fait ! »

Le regard de Vidocq frappa, comme le rayon d'une lentille de verre, l'œil ébloui et éblouissant de Balzac. Ces deux soleils s'allumèrent.

Ces mots tombèrent des grosses lèvres de Vidocq :

« Je vous apporte une pêche de Montreuil.

— Vous ?

— Moi.

— Il n'y a que vous au monde, il est vrai, qui pourriez… Mais non, pas même vous. J'ai sur ce point un fanatisme de conviction…

— Je vous apporte un fait.

— Un fait complet ?

— Complet, là ! une histoire.

— Avec ses deux jambes, le cœur et la tête ?

— Oui, avec le cœur, la tête et le reste.

— Ah ! il y a aussi le reste ?

— Oui, des passions et tout ce qui s'ensuit. »

Quelque chose de moqueur, mais non pas précisément de cynique, comme le tour de la conversation entre deux pareils chirurgiens de l'âme entraînerait à le supposer, courut sur les cils à demi croisés de Vidocq, et alla se poser en étincelles au haut de la prunelle de ses petits yeux gris.

Madame X… fit un mouvement pour quitter la table.

« Ah ! vous pouvez demeurer, madame, » dit Vidocq avec un sourire qui, s'il ne m'aurait pas tout à fait rassuré pour la pudeur d'une jeune fille, était très-suffisant pour la localité et la circonstance. D'ailleurs, comme toutes les supériorités parvenues d'une manière ou d'une autre à la région calme des hauteurs, Vidocq avait, devant le monde et lorsqu'il était hors du cadre de sa profession, la mesure exacte de la parole et de l'émotion oratoire, il possédait et se possédait. Je dirais volontiers de lui ce que disent les maçons d'un homme de leur partie dont ils veulent louer la spécialité : *Il est du bâtiment.* Vidocq, comme Balzac, était *du bâtiment.*

« J'étais de service cette nuit-là à la préfecture de police, dit Vidocq en commençant, et je vous affirme que cette nuit d'hiver était aussi froide que cette belle nuit d'été est chaude. La Seine était prise, et une lune glacée vous donnait le frisson rien qu'à voir sa blancheur badigeonnée sur les pavés, sur les murs et contre les carreaux, où l'on n'apercevait pas beaucoup de mouches. Mes collègues et moi étions ramassés autour d'un poêle en fonte, chauffé à blanc, qui criait comme un damné, tant nous lui fourrions, sans pitié pour le budget, du charbon dans le ventre. Nous faisions griller des marrons, et nous les arrosions de temps en temps d'un verre de vin blanc coupé par de l'eau bénite de cave, c'est-à-dire par du rhum. C'est souverain contre la goutte et ordonné par la faculté de Bercy. Mais c'est incroyable, ma parole d'honneur, monsieur de Balzac, ce qu'on mange de marrons à la préfecture de police l'hiver pour se désennuyer. On y fume beaucoup aussi. Sans cela, que deviendrait-on, de huit heures du soir au matin, dans les pièces d'attente, où M. le préfet veut qu'on soit toujours sous sa main ? Il ne s'agit pas de dormir ! Lui-même ne sommeille jamais que d'un œil. Songez donc ! il lui arrive vingt rapports par minute : rapport sur un incendie, rapport sur un vol, sur un suicide, sur un assassinat, sur une conspiration. Il saute à bas du lit, il sonne. Aussitôt il faut être devant lui pour recevoir ses ordres. « Vous, allez là ; vous, allez là ; vous, allez là. » Et vite on passe une blouse ou une redingote à la propriétaire ; vite on se met une perruque, vite on se colle au menton une barbe blonde ou noire, blanche ou grise, et l'on va travailler où l'on vous a dit. Comme je vous le disais donc, nous mangions cette nuit-là des marrons à nous étouffer.

— Ah çà, vous n'avez donc fait toute la nuit que manger des marrons ? interrompit Balzac avec humeur.

— Non, mais non ; attendez. Il n'était encore que minuit et demi ; il restait du chemin à faire pour aller jusqu'au jour.

— Alors, mangeons des marrons, dit Balzac d'un ton résigné ; mais mangeons-en une bonne fois pour toutes. Voulez-vous ? »

Habitué à ces salves d'impatience nées chez Balzac d'un extrême besoin de curiosité, Vidocq ne s'en fâcha pas plus que de toutes celles qui suivirent, et il reprit :

« C'était dans la nuit du 14 décembre 1834 ou 35… Écoutez, il y a déjà neuf ou dix ans de ça… Il me passe tant de faits par la tête…

— Et par les mains ?

— Et par les mains, que ma mémoire bronche parfois ; mais l'événement ne va pas au delà de 36, je vous le garantis.

— Très-bien ; mais que se passa-t-il à minuit et demi à la préfecture de police ?

— Il allait être une heure ; je crois même qu'une heure venait de sonner au quai des Orfèvres, quand je vis passer derrière les carreaux embrumés de la porte vitrée de notre cabinet, qui ouvrait, comme je ne vous l'ai peut-être pas dit, sur l'escalier même conduisant au cabinet du préfet, deux ombres, deux choses agitées, que je crus être deux femmes. Je me levai : c'étaient deux femmes. J'ouvris la porte, et je leur demandai où elles allaient. La dame me répondit sèchement, et sans me regarder, sans s'arrêter, qu'elle voulait parler à M. le préfet. Je dis la dame, car il était aisé de voir que l'autre, celle qui l'accompagnait, était sa suivante, sa dame de compagnie ou sa femme de chambre. Celle-ci avait une robe de soie noire, c'est vrai ; mais, à son chapeau sans plumes ni fleurs, à la manière surtout dont son châle était jeté sur ses épaules, on voyait bien qu'elle était femme de chambre. D'ailleurs, l'autre n'aurait pas été en toilette de bal, qu'on aurait deviné qu'elle était la maîtresse.

Cette toilette de bal m'interloquait beaucoup. Que venait faire à une heure après minuit, chez le préfet de police, une dame ainsi parée pour le bal, et parée, je dois vous le dire, d'une grotesque façon ? Les fleurs étaient placées comme au hasard dans ses cheveux ; ses cheveux mêmes avaient l'air d'avoir été à peine peignés, et derrière son rouge (car elle avait mis du rouge, quoiqu'elle fût très-jeune et merveilleusement jolie) on apercevait une pâleur cadavérique. Dit-on *cadavéreux* ou *cadavérique*, monsieur de Balzac ?

— Dites comme vous voudrez. Ça m'est bien égal !

— Et à moi ! À propos, quand serez-vous de l'Académie française ?

— Quand la place des hommes de génie et des hommes d'esprit ne sera pas prise par des professeurs et des hommes de parti. Parlons de choses plus nobles ; revenons à la police. »

Vidocq reprit ainsi, après avoir versé une addition de rhum dans son rhum :

« Et, chose qui me parut encore plus extraordinaire que cette inexplicable toilette de bal et de fête autour de cette femme désolée, et porter au plus haut degré le signe de la folie ou d'un sentiment que je ne comprenais pas bien sur le moment, c'est qu'elle avait une bottine noire à un pied et un soulier de satin blanc à l'autre pied. J'allais lui répondre qu'on n'entrait pas ainsi chez M. le préfet à une pareille heure de la nuit, mais précisément à l'instant même la porte des appartements du préfet s'ouvrit, et l'huissier qui est de service toute la nuit dans l'antichambre la laissa passer. La porte se referma sur elle, en sorte que la femme de chambre resta sur l'escalier. Je la priai de descendre quelques marches et de passer dans la pièce où étaient mes subordonnés, que j'avais laissés autour du poêle. Elle y consentit.

« À vrai dire, quoique sa mise ne fût pas aussi extravagante que celle de sa maîtresse, son moral ne me semblait guère en meilleur état. Dans le peu de paroles qu'elle dit pour répondre à ma proposition, je remarquai un tremblement nerveux qui n'était pas causé seulement par le froid. Nous avons assez l'habitude, dans notre partie, de distinguer tous les genres d'émotions, pour ne pas confondre la couleur du remords et la teinture de la peur. Il n'y avait que de la peur chez cette jeune femme, mais une peur à vous la donner, une peur comme je n'en ai jamais rencontré de pareille chez personne dans ma vie, excepté chez sa maîtresse. C'était à vous épouvanter. Et pourtant je voyais bien que la femme de chambre dont je vous parle était une nature forte, énergique, résolue au fond. L'événement qui les amenait, elle et sa dame, à la préfecture de police, était donc considérable. À son accent traînard, je jugeai qu'elle était Belge, d'Anvers ou d'Ostende ; monumentale autant que sa maîtresse était fine et délicate de teint et de constitution, quoique sa maîtresse fût brune comme elle. Puis des yeux espagnols et une bouche bien fendue, bien meublée, à la hollandaise. Et fraîche ! J'ai assez étudié les races ; je ne me trompe jamais sur les origines. C'est le métier, du reste, qui donne ce tact ou plutôt qui le développe. Il n'y a pas d'homme de police sans cette faculté. Ah ! si j'avais votre bonne plume, monsieur de Balzac, j'écrirais des choses à bouleverser de fond en comble le ciel et la terre sur le génie qui bat dans la tête, dans les entrailles, dans les artères des vrais hommes nés pour la police. Tenez ! moi, par exemple, moi, je suis venu au monde pour ça. J'ai le nez fendu comme les chiens chasseurs. Vous aussi, vous avez le nez fendu. Nous flairons de loin. »

Balzac sourit au compliment, à l'honneur d'être de la confrérie des nez fendus.

« Mettez-moi au milieu d'une foule de mille individus, je découvrirai un galérien rien qu'à l'odeur. Ceux qui ont vécu à Brest et à Toulon contractent un musc que je reconnais au bout de vingt ans sur eux. Ça vient me trouver comme le parfum de la rose.

— La *rose des bagnes*. Joli, dit Balzac. Nous la mettrons à côté de la *rose-thé*.

— Et j'ai bien d'autres instincts, continua Vidocq. En me levant, je prévois si dans la journée je recevrai un coup de couteau de quelques-uns de ces braves gens que j'ai fait boucler. Cela dépend beaucoup du temps. Il n'y a rien de barométrique comme moi. Tel jour je suis si stupide que je me laisserais arrêter par un garde champêtre au milieu de la rue Saint-Denis ; mais tel autre, en revanche…

— Cette nuit-là dans quelles dispositions étiez-vous ? demanda Balzac ; la nuit où cette belle dame et sa femme de chambre osèrent ainsi se rendre à l'hôtel de la rue de Jérusalem ?

— Dans des dispositions assez bonnes, répondit Vidocq avec une feinte modestie, et je crois l'avoir prouvé cette même nuit-là ; mais cependant je ne vis rien, je ne découvris rien, je ne devinai rien derrière le trouble de la femme de chambre, que j'avais fait asseoir près du poêle et dans le meilleur fauteuil de la pièce, afin de mieux l'observer.

— Que ne l'interrogiez-vous ?

— Peste ! comme vous y allez ! L'interroger ! je n'en avais pas le droit. C'était affaire au préfet, et rien qu'au préfet, dans la circonstance présente. Et puis la préoccupation d'esprit de cette femme l'empêchait de rester en place. À chaque quart de minute elle se levait, allait à la croisée, et ensuite, du bout du doigt de sa main droite mal gantée, comme on est ganté quand on a été pressé de sortir pour quelque affaire urgente, elle effaçait le brouillard de vapeur condensée par le froid sur la vitre, et par cette place, un instant éclaircie, elle regardait. Que regardait-elle ? Je la suivis pour le savoir. Elle allongeait chaque fois ses regards inquiets sur le quai des Orfèvres, où attendait la voiture qui l'avait descendue avec sa maîtresse à quelques pas de la préfecture. Ce n'était ni un fiacre, ni une voiture de remise, mais une solide et riche voiture de grande maison, ce qu'on reconnaissait facilement à la tournure des chevaux, aux lanternes de cristal, à la physionomie générale de l'équipage. Cette anxiété chez la femme de chambre avait-elle pour cause la crainte de voir s'éloigner cette voiture ? Quelqu'un se trouvait-il dans cette voiture où il attendait le résultat de la visite nocturne faite au chef de la police par les deux dames si effrayées ? Voilà ce que je ne pus pénétrer, et l'obscurité devint encore plus ténébreuse pour moi quand j'entendis la femme de chambre, qui ne me soupçonnait pas si près d'elle, murmurer avec un accent indéfinissable, les yeux fixés sur le cocher de cet équipage : *Il dort !*

« Maintenant, quel sentiment de sécurité ou d'épouvante exprimait ce mouvement convulsif de ses lèvres, c'est là une question qui aurait demandé, pour être résolue, plus de temps que je n'en avais devant moi. Ensuite il se passait dans les appartements du préfet des scènes autrement importantes que celle dont je vous parle ici en passant, et que je mentionne plutôt pour ne rien vous laisser ignorer des événements de cette nuit émouvante que pour absorber votre attention.

« Voyons maintenant ce qui se passait dans les appartements du préfet, qui s'était couché à minuit, après une journée exceptionnelle de labeur et de fatigue, et après avoir recommandé expressément à l'huissier de service de respecter son repos, et de le laisser dormir jusqu'au jour, enfin de ne venir troubler son sommeil sous aucun prétexte quelconque. Quand il lui arrivait de donner de pareils ordres, il était sans exemple qu'on violât la consigne ; car cette consigne n'est pas moins qu'une question, je ne dirai pas de vie ou de mort, mais de santé ou de maladie pour le magistrat qui l'impose comme une barrière infranchissable devant son sommeil. Je suis bien fort, n'est-ce pas ? Peu d'hommes, je crois, résisteraient aux rudes travaux de jour et de nuit que j'ai souvent supportés, eh bien ! je déclare que ces travaux sont des œillets et des roses auprès des occupations, des soucis, des immenses responsabilités d'un préfet chargé de la police de Paris. Je ne sais comment on résiste plus de six mois à cette charge accablante, écrasante, surtout depuis ces dernières époques d'émeutes, de révolutions, de conspirations, de sociétés secrètes. Quand tout dort la nuit, — car enfin la nuit est un peu faite pour dormir, — quand tout dort, la royauté, la justice, l'armée, le peuple, les lois, les mœurs, lui seul doit veiller, parce qu'il a pour mission de dire à chaque instant aux mœurs : Je suis là, je veille pour vous ; pour devoir, de crier à la justice : éveillez-vous, les lois sont en danger. Un préfet de police est roi de Paris depuis le coucher du soleil jusqu'à son lever.

« Étonné déjà que la sentinelle et le concierge de l'hôtel n'eussent fait aucune difficulté pour laisser s'introduire deux femmes, l'huissier s'informa, en se frottant les yeux, du motif qui amenait celle qu'il avait devant lui jusqu'aux appartements du préfet. Elle répondit d'une voix altérée par la redoutable secousse qui la jetait en un pareil lieu et à pareille heure, et par la rapidité de son ascension à travers les marches de l'escalier, qu'elle désirait, qu'elle voulait parler sur-le-champ à M. le préfet : et elle s'élança en même temps, sans attendre une réponse, vers la porte derrière laquelle elle supposait avec raison qu'était l'appartement où elle le trouverait. L'huissier de service l'arrêta et lui dit que le préfet ne recevait d'abord que certain jour de la semaine sur demande écrite ; que la nuit son cabinet ne s'ouvrait que pour des raisons dont lui seul était juge ; qu'au surplus, fatigué à l'excès et même sérieusement indisposé depuis trois jours, il avait donné l'ordre qu'on n'entrât pas chez lui avant huit heures du matin. — Huit heures du matin ! s'écria alors la dame en tordant ses mains l'une contre l'autre, tandis que son pied frappa le parquet à se briser le talon ; — huit heures du matin ! c'est tout de suite qu'il fallait qu'elle vît le préfet, qu'elle lui parlât ; il s'agissait d'une affaire de la plus grave, de la plus haute importance. Blasé comme le sont tous les huissiers sur ce prétexte trop souvent employé *d'affaires de la plus haute importance* auquel tout solliciteur a recours pour s'introduire chez un fonctionnaire public, le père Caron, — c'était le nom de l'huissier de garde ce jour-là, — répondit qu'il était désolé de refuser, mais qu'il ne s'exposerait pas à violer la consigne. Sa disgrâce serait assurée après une pareille infraction, tout avancement lui serait interdit. Du même ton rapide et convulsif qu'elle avait eu jusque-là et qu'elle ne parvenait pas seulement à modérer, la dame éplorée dit au père Caron que lorsque le préfet, saurait, une fois introduite dans son appartement, de quoi il s'agissait, le motif de cette visite nocturne, extraordinaire sans doute, mais parfaitement justifiée, au lieu de le punir, lui, son huissier, il lui en saurait gré, il le remercierait. Et la belle dame termina cette nouvelle supplication par un second élan vers la chambre du préfet, impétuosité pareillement réprimée comme la première fois par le bras de fer de l'huissier, très-fort surpris cependant, m'a-t-il dit depuis, de la vigueur de cette jeune femme si faible en apparence, et dont le regard noble et impérieux, ajoutait-il, semblait, encore plus que son incroyable énergie physique, l'obliger à fléchir. Il ne fléchit pas de cette fois encore néanmoins ; il se borna à dire, dans son trouble, car il commençait à se troubler devant cette volonté qui ne rompait pas d'une ligne, qu'il lui était demandé une chose impossible, des plus impossibles. Il pria même la dame de se retirer.

« Elle sourit à cette invitation de l'huissier, et elle lui dit, comme si elle n'eût pas entendu sa dernière phrase, que ce qu'elle attendait de lui était très-possible, au contraire ; excessivement possible, parce qu'elle était très-connue de M. le préfet de police ; elle avait dîné avec lui, il n'y avait pas plus de dix jours, chez le général de Rumigny ; elle s'était trouvée avec lui en soirée la semaine d'avant chez M. le comte de Montalivet ; elle cita encore bien d'autres personnages de distinction chez lesquels elle s'était rencontrée avec M. le préfet. Elle affirma sous toutes les formes qu'elle était personnellement et particulièrement connue de lui, et ajoutant qu'elle accourait l'informer d'un événement dont lui seul devait être instruit, et instruit sans retard, d'un événement extraordinaire, inouï, effroyable. Il fallait donc qu'il fût éveillé, qu'il la reçût, qu'il l'écoutât.

« À toutes ces raisons, à toutes ces protestations qui devenaient, vous le voyez, de plus en plus ardentes, le père Caron répondit comme il avait répondu vingt mille fois dans sa vie à vingt mille solliciteurs et solliciteuses qui disaient eux aussi et elles aussi qu'ils avaient dîné et soupé avec le préfet dans les plus illustres maisons de Paris ; il répondit : — qu'il était au désespoir, mais qu'il refusait nettement et décidément de déranger le préfet dans son sommeil. — Voyons, dit la malheureuse femme au comble de l'exaltation, vous avez peur, m'avez-vous dit, de perdre vos droits acquis à l'avancement si vous entrez dans cette chambre. Quelle compensation voulez-vous à cette perte, à ce malheur qui ne se réalisera peut-être pas pour vous, mais enfin quel dédommagement légitime exigez-vous ? Est-ce trois mille francs ? six mille francs ? Voulez-vous dix mille francs ? Voilà dix mille francs, en voilà vingt mille... Je ne sais pas... plus ou moins... prenez ! prenez ! Et la dame défît brusquement ou plutôt elle brisa d'une seule et sèche secousse le gros collier de perles fines qu'elle avait au cou, ôta avec la même violence de geste ses deux bracelets en diamants, et mettant pêle-mêle perles et diamants dans la main de l'huissier, stupide d'étonnement, elle lui dit : — Maintenant, allez !

« Le père Caron ouvrit de grands yeux.

« Après avoir posé en tas sur un fauteuil le collier et les bracelets, le pauvre huissier, ivre de tout ce qu'il venait d'entendre, s'achemina vers la chambre du préfet. Enfin il était vaincu !

« Le moyen, après tout, de résister à une pareille séduction : vingt mille francs de perles et de diamants !

« Le préfet de cette époque, et vous devinerez aussi facilement son nom que si je vous le disais, n'était pas un dormeur impitoyable, mais il avait les nerfs irritables comme les ont tous les fonctionnaires exposés à écouter quinze heures par jour les réclamations, pétitions et divagations du public. À cette besogne agaçante on commence par devenir impatient, puis bourru, puis inabordable ; et si le moment n'arrivait pas de faire place à un successeur, ou de prendre sa retraite, on finirait par tomber dans des accès de rage à la vue d'un des membres de cette vaste famille d'importuns, qui acceptent trop au pied de la lettre cette définition de Mirabeau : — « Depuis le roi de France jusqu'au garde champêtre, tout fonctionnaire est un commis du peuple, et à toute heure du jour et de la nuit ce commis doit être prêt à servir son maître. »

Quoi qu'il en soit, le père Caron eut sa minute de courage.

« Il alla droit au lit du préfet, qui dormait de ce bon premier sommeil si bon et si doux pour ceux qui n'ont pas toujours de second sommeil, et les préfets de police sont de ceux-là.

« Caron, qui ne voulait pas brusquer le réveil, fut obligé de recommencer plusieurs fois les moyens peu variés qu'on a d'éveiller un homme sans l'étonner souvent un peu, sans le fâcher souvent beaucoup ; il remua des chaises, il toussa ;

il remua de nouveau, il toussa plus fort. Le préfet ne rouvrait pas les yeux. Enfin il osa appeler par son nom le premier magistrat de Paris, moyen extrême, périlleux, mais sûr moyen d'arriver directement au but tant souhaité et tant redouté.

« Comme vous vous l'imaginez, le réveil du préfet ne fut pas tout à fait celui de l'innocence, par Prud'hon. Il se haussa d'un bond sur son oreiller, dont on osait venir audacieusement déranger les plis, et il regarda le téméraire en face. Caron, quoique ancien soldat, quoiqu'il eût fait toutes les campagnes du Nord, fondit comme une boule de neige sous une potée d'eau chaude. Il disparut sous lui-même ; en un instant il n'y eut plus de Caron. Quand il releva un peu la tête, il entendit sortir ces mots de la bouche placée au-dessus de lui : « Coquin ! faquin ! brigand ! infâme drôle ! Quand je lui ai tant recommandé de ne pas entrer dans ma chambre avant huit heures du matin. — Mais c'est une dame, murmura l'infortuné huissier, qui songeait, malgré sa terreur, aux perles et aux diamants dont la fascination traversait les murs, c'est une dame… — Eh bien ! une dame ?… quand ce serait une dame !… — Elle a les plus impérieuses raisons pour vouloir parler à M. le préfet. — Une femme à cette heure !… par le temps qu'il fait !… Quelle est cette odieuse mystification ? Et vous vous y prêtez, monsieur ! Qu'elle aille à tous les diables ! — Cette dame affirme si ouvertement qu'elle est beaucoup connue de vous, monsieur le préfet, que je n'ai pas su comment refuser. — Parbleu ! qui ne me connaît pas ! Qui ne prétend pas me connaître ! Mais en voilà assez ! En voilà beaucoup trop ! Je veux dormir. S'il vous arrive jamais d'oublier mes ordres quand ils sont aussi précis que je les donne, je vous casserai immédiatement de votre emploi, entendez-vous ? je vous destituerai, je vous chasserai. Vous voilà prévenu, sortez ! »

« Ceci dit, le préfet se coula sous la couverture, tâchant de renouer son sommeil brisé et de rappeler la chaleur à ses épaules refroidies. Quant à l'huissier, il alla, la tête baissée, l'âme meurtrie, faire part à la mystérieuse solliciteuse de nuit de l'accueil qu'il avait essuyé à cause d'elle. Mais elle, loin d'être découragée de cet échec après lequel il semblait qu'elle n'eût plus qu'à s'envelopper de *sa sortie de bal*, monter dans sa voiture et regagner son faubourg Saint-Germain ou Saint-Honoré, elle dit à l'huissier : « *Il ne faut pas le laisser se rendormir*. Retournez vite près de lui et dites-lui… — Non, madame, non, je ne retournerai pas près de lui, se hâta de dire Caron, qui ajouta, ne voulant pas laisser une miette d'espoir à cette femme invincible dans sa résolution : Savez-vous bien qu'il m'a menacé de destitution immédiate si je me présentais encore devant lui ? — Si ce n'est que cela ! — Comment, si ce n'est que cela ! Mais ma place c'est ma vie, c'est celle de ma femme et de mes enfants. — Ne perdons pas de temps, continua la dame en prenant les deux mains de l'huissier dans les siennes : que vous rapporte votre place : Deux mille francs ?… trois mille francs ? quatre mille francs ? Eh bien ! sur l'honneur, je m'engage à vous faire une pension de quatre mille francs, qui sera après vous continuée à votre famille si vous êtes frappé de destitution pour être retourné dans cette pièce et avoir dit au préfet qu'une femme veut à tout prix lui confier un secret d'où dépend l'honneur, la vie de cette femme. » Une pension de quatre mille francs ! Le père Caron fut ébloui et frappé autant dans la parole que dans la vue ; il resta anéanti, hébété, immobile, pétrifié devant cette proposition pyramidale. Une pension de quatre mille francs ! de quatre mille francs ! à lui qui gagnait dix-huit cents francs… s'il les gagnait. Cependant, croyant voir arriver une nouvelle hésitation chez Caron : « Voilà deux mille francs, dit la belle obstinée en ouvrant un petit portefeuille, où elle prit deux billets de banque qu'elle fourra dans la poche de l'huissier : ce sont les deux premiers quartiers de la pension que je m'engage à vous faire ; et elle ajouta : « Vous allez dire à M. le préfet que, demain, aux Tuileries, le roi de France Louis-Philippe le remerciera de ce que j'attends de lui cette nuit. À ces grandes paroles, dites avec la simplicité de la conviction : *Le roi de France… Louis-Philippe… Les Tuileries…* Caron se dit : — Mais à qui ai-je donc à faire ? Quelle est cette dame qui a tant de diamants, tant de crédit, tant d'argent ?

« Il n'y avait plus à reculer.

« D'ailleurs, que risquait maintenant ce brave huissier de Caron ? Son avenir et celui de sa famille n'avaient plus rien à craindre de la tempête qu'il allait braver. Aussi est-ce d'un pas ferme, d'un pas assez ferme du moins, pour être exact, qu'il pénétra derechef dans la chambre à coucher de M. le préfet. M. le préfet allait enfin se rendormir après la désagréable secousse d'une brutale interruption. Au même instant, — c'était à ne pas y croire ! — nouvelle secousse, nouvelle interruption.

« Cette fois le peu endurant magistrat souleva, en manière de vagues irritées, les draps et la couverture, d'un même mouvement rejetés au loin par les genoux, et les jambes hors du lit, les pieds ouverts et ancrés sur le tapis comme si son corps allait prendre l'élan et fondre, tigre horriblement agacé, sur l'huissier fasciné, il dit à celui-ci d'une voix foudroyante : — Qu'y a-t-il encore ? qui vous amène ? qui vous amène ici ? prenez garde à la fin ! À moins que le feu ne soit à la préfecture de police… Le père Caron répondit tout en gagnant la porte : — Le feu n'est pas à la préfecture, mais cette dame y est encore ; elle jure qu'elle ne quittera pas l'hôtel sans vous avoir vu ; elle est folle, elle pleure… elle dit que le roi est de ses amis, qu'elle a dîné avec lui et avec vous aux Tuileries… — C'est épouvantable ! C'est à vous rendre enragé de voir des intrigantes, des aventurières… Allons donc ! le roi, les Tuileries !… Puis notre chef suprême se mit brusquement sur son séant, et, se croisant les bras avec la fausse résignation des gens qui ne sont pas du tout résignés, des gens que la fumée de la colère étouffe, il alla vers l'huissier et il lui dit face à face : — Quel est le nom de cette femme-là ? — Elle ne m'a pas dit son nom. — Imbécile ! allez le lui demander. — J'y cours. — Caron ne se retourna pas pour écouter ces paroles que lui lança dans le dos notre terrible patron : — Si dans trois minutes ce manége n'est pas fini, je vous envoie passer le reste de la nuit au cachot. »

« Autre embarras ! la dame ne voulut pas donner son nom à l'huissier. Elle lui déclara nettement qu'elle ne se ferait connaître qu'au préfet lui-même. Cette réponse, qui parut à Caron son arrêt de mort, donna sur-le-champ à réfléchir à celui à qui il ne la porta qu'en tremblant de tous ses membres. Celui-là estima, avec sa fine sagacité, qu'une femme assez hardie pour se rendre à l'hôtel de la préfecture, pour insister avec une opiniâtreté sans égale dans sa volonté d'être introduite, et qui refusait de livrer son nom, après avoir mis en avant celui du roi, au risque de se compromettre singulièrement et de perdre le fruit de son obstination si elle inventait un crédit mensonger, il pensa, dis-je, mon cher monsieur de Balzac, que cette femme-là devait être écoutée. Il dit à Caron : — Puisque cette dame ne veut pas dire son nom, eh bien ! qu'elle l'écrive et me l'envoie sous enveloppe.

« Un soupir d'une lieue de long sortit de la poitrine de celle à qui la réponse fut transmise. Elle prit une enveloppe sur la table, où il y en avait toujours des tas pour les besoins du service, y glissa une de ses cartes de visite, qu'elle retira du petit portefeuille en maroquin noir où étaient les billets de banque donnés à l'huissier, cacheta cette enveloppe, et le pli passa, dans l'intervalle d'une seconde, aux mains qui l'attendaient.

« Le préfet prend, décachette, lit, bondit après avoir lu la carte de visite ; relit, s'approche, nu-pieds, de la lampe pour s'assurer qu'il ne s'est pas trompé sur le nom qu'il vient de lire ; et après cet étonnement renouvelé trois ou quatre fois, il dit à Caron : — Faites passer cette dame dans mon cabinet, je m'habille et je suis à elle. Allez ! et les plus grands respects ! »

Ici Vidocq s'interrompit, non pas pour respirer, mais pour boire le rhum qu'il croyait avoir oublié dans son petit verre. Le trouvant vide, il le tendit à Balzac, près de qui était le flacon. « Rien du tout ! dit Balzac en posant la main sur le bouchon de cristal ; vous n'aurez pas une goutte avant de m'avoir dit qu'elle était cette dame.

— J'allais vous la nommer. Oh ! je ne fais pas comme vous des histoires où vous nous cachez le petit bonhomme tant que vous pouvez afin d'allonger la courroie.

— Chut ! dit Balzac, pas de pierre dans mon jardin ! Le nom de la dame ! le nom de la dame !

— C'était la belle comtesse Hélène de B…

— Une étoile de la cour citoyenne ? Pas possible ! s'écria Balzac stupéfié.

— C'était bien elle, ma foi !

— Une des dix ou douze Égéries du système ?

— Je vous ai dit son nom. Maintenant, du rhum ! du rhum, monseigneur !

— Voilà, mon maître, » répliqua de Balzac en versant d'une main abondante du rhum dans le verre de Vidocq.

Et il dit encore, après s'être carré profondément dans son fauteuil, comme s'il eût posé les assises de granit d'une attention monumentale :

« Vite, la suite de cette histoire. Qu'allait faire la belle, la superbe comtesse Hélène de B… à la préfecture de police, à une heure après minuit et par quinze degrés au-dessous de zéro ? »

Vidocq continua ainsi : « Le préfet de police et la dame qui avait combattu pendant deux heures pour être admise auprès de lui se trouvèrent enfin en présence.

« Il n'y avait pas d'erreur, pas de mensonge, pas de supercherie ; la personne introduite répondait exactement au nom gravé sur la carte de visite. C'était bien la belle et spirituelle comtesse Hélène de B… ; une des femmes les plus remarquables par la beauté et la distinction de l'esprit, du règne de Louis-Philippe, de ce règne où les femmes, comme on le verra plus tard, auront joué un grand rôle ; oui, elle a été l'une de celles qui ont passé, à tort ou à raison, mais plus à raison qu'à tort, je crois, pour exercer une énorme influence dans les conseils de la couronne et qui ont porté sinon la paix ou la guerre, mais très-souvent la naissance ou la mort des cabinets dans les plis de leurs jupons.

« Je n'ai pas besoin de vous dire si le préfet fut étonné de voir cette célèbre femme chez lui et confus des difficultés multipliées qu'il avait faites pour l'accueillir. Il essaya de s'excuser, d'expliquer sa situation ; la comtesse ne lui laissa le temps de rien dire, de rien achever. Il s'agissait bien de politesses en ce moment et de toutes les sucreries de la conversation ! Sa voix inégale et frissonnante, ses yeux tout grands ouverts par une terreur qui, au lieu de diminuer, semblait s'être plus étroitement saisie de toutes ses facultés depuis son arrivée dans l'hôtel, la pâleur où morte étendue sur son visage, si l'on peut appeler pâleur une teinte verte aux joues, violette autour des lèvres, réclamaient bien autre chose que des attentions et des courtoisies ! — Voici ce qui m'amène chez vous, dit-elle à peine assise près d'une cheminée dont le feu allait s'éteindre… Il vient de m'arriver un malheur… Elle s'arrêta, sa voix n'atteignant pas à ses lèvres. — Un malheur comme il n'en est jamais arrivé à aucune femme dans sa vie… — Une seconde fois elle fut obligée d'attendre pour pouvoir parler. — Il vous est impossible de vous en faire une idée… Elle s'arrêta encore, la respiration lui manquant tout à coup. Mais bientôt, après un violent effort sur elle-même : — Vous me sauverez ! Vous me sauverez, s'écria-t-elle, vous me sauverez ! — Puis elle dit : — Je vous disais donc… Elle ne sut plus du tout ce qu'elle disait, et répétant le mouvement que sa femme de chambre avait fait devant moi et mes agents dans la pièce au-dessous, elle courut à la croisée pour jeter un coup d'œil sur la voiture qui l'avait amenée à la préfecture. Elle ne la vit pas. Elle poussa alors un cri de désespoir, ouvrit cette croisée, regarda à droite et à gauche, poussa un second cri, puis, les mains sur le visage, se jeta à reculons au fond du cabinet et alla tomber à la place qu'elle avait quittée. Elle ignorait, la pauvre femme dont la tête était perdue, elle ignorait que les appartements où elle se trouvait en ce moment ne donnaient pas du côté même par où elle était venue. Le préfet, qui comprit tout de suite la cause de son erreur, se hâta de la tranquilliser.

« L'explication la remit. L'étouffement subit qui lui avait plombé la poitrine se dissipa peu à peu, et, lorsqu'elle put respirer suffisamment pour parler, elle dit au préfet, attentif à l'écouter, très-attentif, car il y avait tant de soupirs, tant de hoquets, tant de palpitations encore dans sa voix, qu'il n'était pas facile de la comprendre : — Mon mari, que vous connaissez… — Oui madame. — Mon mari est parti, il y a huit jours, pour Bordeaux, où l'appelaient des affaires de famille, une forte succession. — Le préfet répondit qu'il avait connaissance de cette succession, au sujet de laquelle il croyait savoir aussi qu'un procès serait suscité par de nombreux héritiers dépossédés. La comtesse fit un signe de tête affirmatif, et, reprenant, elle dit d'une voix creuse et effrayée que, pendant cette absence, elle avait eu quelquefois l'occasion de recevoir chez elle une personne… « un jeune homme, » appuya-t-elle avec effort, dont elle avait fait connaissance à l'ambassade d'Autriche. Elle se blâmait de cette imprudence, parce que le comte, son mari, d'un tempérament jaloux jusqu'à la frénésie dangereuse, déjà d'un âge où un affront conjugal ne se pardonne pas, avait noté les assiduités du jeune officier hongrois. « C'était un officier hongrois, » dit-elle entre parenthèses, et en parlant remarquez ceci, monsieur de Balzac, toujours au passé, particularité bizarre qui dépaysait et troublait l'attention du préfet qui la donnait tout entière au récit d'un événement qui, évidemment, venait d'avoir lieu. Sans qu'elle eût encouragé les assiduités de ce jeune officier, celui-ci avait cru devoir profiter de l'absence du comte pour se présenter chez elle plusieurs fois dans la journée, « et souvent, dit-elle du même ton pénible, et souvent le soir, assez tard, très-tard. » Il avait enfin voulu, — toujours contre son gré et contre son désir, — l'accompagner dans sa voiture au sortir des Italiens, et monter chez elle, où il avait demandé la faveur de causer quelques instants. Sans doute, c'était mal, puisque le monde pouvait le trouver mauvais, et puisqu'un événement formidable, terrible, avait été la conséquence de cette fatale faiblesse… À ce mot d'*événement,* qui rappelait à la comtesse ce qui l'amenait brutalement à la préfecture de police, la comtesse perdit les dernières précautions oratoires dont elle s'était servie jusque-là malgré elle, et qu'emploient les femmes même les plus démoralisées quand elles sont forcées d'avouer la perte de leur réputation, surtout à un homme supérieur par sa position et son intelligence, et elle s'écria, dans une explosion sourde comme le bruit d'une mine trop chargée qui éclate en dedans : — Ce jeune homme était mon amant, oui, mon amant. J'étais donc sa maîtresse, sa maîtresse depuis six mois, depuis qu'il était venu à Paris avec le personnel de la nouvelle ambassade, pour perfectionner ses études militaires.

« Cette révélation nette et franche mit bien plus à l'aise, vous le comprenez, le magistrat, qui attendait, depuis le début de cette étrange confession, un peu de lumière, afin de savoir de quel côté il porterait l'intérêt qu'il ne demandait pas mieux que d'accorder à ce récit d'une catastrophe dont il semblait maintenant entrevoir la fin, fin banale, fin vulgaire, pensait-il : — le retour du mari, l'évasion de l'amant par les toits ou par la cave, la fuite de la femme, venant lui demander de la protéger contre les menaces d'un outrage ou d'un assassinat, si elle remettait les pieds au domicile conjugal. Eh bien ! ce n'était pas cela : le préfet se trompait dans ses conjectures ; elles ne se vérifièrent pas, comme vous allez vous en assurer. Après l'aveu brutal qu'elle venait de laisser échapper, la comtesse n'avait plus qu'à dire hardiment le reste.

« Voici ce qu'elle dit : elle dit que bien que l'amour qu'elle portait à M. de Karls… (c'est le nom du jeune officier) fût aussi grand, de son côté, que de celui de son amant, elle l'avait prié, supplié, quatre jours après le départ du comte, de cesser complétement ses visites, toutes relations, ne voulant pas risquer, pendant les quatre derniers jours destinés à compléter l'absence du mari, de voir arriver celui-ci au milieu d'eux, les surprenant, les épouvantant de sa présence. M. de Karls… avait promis comme tous les amants, et comme tous les amants, il n'avait pas tenu sa promesse.

« Le lendemain, il n'était pas venu, c'est vrai ; mais le surlendemain il s'était présenté à l'hôtel ; le surlendemain encore, il s'était fait annoncer chez la comtesse, quoiqu'elle eût fait défendre sa porte à tout le monde.

« Enfin, malgré une lettre du comte où il annonçait son retour de Bordeaux pour la nuit suivante, à trois heures du matin, M. de Karls… n'était pas moins venu dans la soirée, c'est-à-dire la nuit même où devait arriver le comte, la même nuit qui durait encore et dont elle était destinée à passer la dernière moitié, elle, comtesse Hélène de B…, à la préfecture de police, à peu près, à l'étage près, comme une femme de mauvaises mœurs, rencontrée errante sur le pavé de Paris. Cette imprudence avait tout compromis, tout perdu, tout anéanti. « Votre mari de retour de Bordeaux, demanda alors dans une interruption des plus naturelles le préfet de police ; votre mari vous a donc cette nuit surpris ensemble, et vous accourez m'annoncer quelque malheur plus sérieux que celui que j'entrevoyais avant vos dernières paroles ? Il vous aura surpris, lui et votre amant se seront battus ou ils se seront donné rendez-vous pour se battre ce matin, et vous venez me demander d'empêcher… — Mon mari ne nous a pas surpris ; il n'est pas encore arrivé, puisqu'il n'est pas trois heures, qu'il ne doit arriver qu'à trois heures, qu'il en est à peine deux… — Il aurait pu par ruse devancer l'heure de son arrivée… — Il n'a pas devancé l'heure. — Mais alors, repartit le préfet, quel malheur si profond, si extraordinaire, si irréparable venez-vous me confier ? Vous exagérez sans doute, permettez-moi de vous le dire, vous outrez ; mais je le comprends. Au fond, personne n'a encore souffert de dommage, personne n'est blessé, personne n'est mort… » Le préfet était presque ironique, presque gai en jetant cette objection devant les confidences rompues de la comtesse, et comme on jette les cartes devant son vis-à-vis quand on a trop beau jeu pour détailler carte par carte, point par point, la victoire dont on est sûr. « Il n'y a ni blessés ni morts, dites-vous, monsieur le préfet… ; il n'y a pas de blessé, c'est possible, du moins jusqu'à présent… Quant aux morts, il y en a deux… moi d'abord… moi qui ne survivrai pas au coup cruel que je viens de recevoir au cœur ; ensuite celui qui est dans ma voiture. — Dans votre voiture ? — Dans ma voiture. Mon amant, M. de Karls…, est mort cette nuit chez moi, il y a deux heures, et son cadavre est dans ma voiture. — Mort chez vous ? mort assassiné ? Un cadavre ? — Non pas assassiné, mais mort d'un coup de sang près de moi… Oh ! c'est horrible et terrible, car, en ce moment, je suis forcée de penser à ma réputation, à mon honneur, à cet insupportable honneur du monde, ce monde qui va tout savoir ; forcée de penser à l'honneur de mon mari quand je voudrais être tout entière à ma douleur, à mes larmes, à ce jeune homme aimé, tant aimé, à lui seul, pour le garder, l'emporter bien loin, l'ensevelir, vivre de sa mort comme j'ai vécu de sa vie pendant six mois que je l'ai aimé. Mais il ne s'agit pas de cela, dit la comtesse d'un autre accent en rentrant ses larmes, en comprimant ses sanglots ; il ne s'agit pas de cela ; non ! J'ai, je vous l'ai dit, un mort dans ma voiture : que faut-il que j'en fasse ? Il n'y a que vous au monde pour me tirer de là. — Et comment, madame, comment ? Vous avez trop compté sur mes ressources, qui ne sont pas infinies…, et puis, pour un cas aussi extraordinaire… quel moyen ? Il ne s'est jamais offert à moi rien de pareil, rien qui ressemblât… » La comtesse s'était levée. « Il faut pourtant que vous me sauviez, dit-elle, mettant l'autorité de la femme puissante de moitié dans l'autorité de la femme qui implorait ; c'est indispensable. Je ne sors pas d'ici que vous n'ayez imaginé quelque chose… Vous avez mille choses, vous autres de la police, pour… — Erreur commune, madame, mais grande et réelle erreur. Je vous l'ai dit, aucun moyen pour un fait aussi grave, aussi particulièrement inouï.

« Cependant le préfet, qui ne voulait pas rendre plus désespérée qu'elle ne l'était déjà la malheureuse comtesse Hélène de B…, qui désirait au contraire de toute son âme la délivrer du supplice qu'elle endurait avec un courage surhumain, l'arracher à cette fournaise autour de laquelle elle tournait sans rencontrer, sans soupçonner une issue, et où il prévoyait bien qu'elle périrait infailliblement, consumée en quelques heures, si le temps, qui ne se prolongeait pas sans péril, n'apportait pas une solution extrême, radicale, allait et venait dans son cabinet, regardait le plafond, les croisées, la porte ; il s'arrêtait, recommençait sa course, se serrait le front, gestes automatiques répétés d'une manière tragique et burlesque à la fois par la comtesse, attachée aux pas, aux gestes, aux moindres mouvements du préfet.

« Mais avec tout cela il ne trouvait rien, avec tout cela il n'imaginait rien ; il n'avait rencontré juste que lorsqu'il s'était dit que la vie de la comtesse se consumait avec l'avidité et la rapidité du vitriol embrasé, et que le temps activait cette combustion d'un redoublement incalculable de seconde en seconde : si vrai, que la comtesse, posant sèchement sa montre sous les yeux du préfet, n'eut qu'à lui dire : « Trois heures ; mon mari entre dans Paris en ce moment-ci, » pour que le préfet, décidé à tout prix de faire quelque chose, mais ne sachant pas encore cependant ce qu'il allait faire, courût machinalement au cordon d'une des sonnettes, et le tirât avec force. La sonnette qu'il venait d'agiter était placée dans mon bureau. Était-ce moi qu'il demandait ? Voilà de quoi je ne répondrais pas. Je crois aux inspirations, aux bonnes comme aux mauvaises : et vous, monsieur de Balzac ? — Comment, si j'y crois ? il n'y a que cela de vrai, répondit Balzac, mais, ajouta-t-il, ne nous arrêtons pas en chemin : au galop, au contraire, au galop !

« Après avoir sonné, M. le préfet de police parla ainsi à madame la comtesse Hélène de B… « Il n'y a qu'un homme à Paris, et je pourrais dire au monde, assez habile pour vous délivrer de la position où votre mauvaise étoile vous a placée : voulez-vous que cet homme soit en tiers entre nous ? Je l'ai appelé, mais il est encore temps de le laisser dans l'ombre s'il vous répugne de confier… Lui seul pourtant, je le répète… — Vous répondez de sa discrétion ? — Comme de la vôtre, madame. — Faites-le venir. — Il vient. »

« Maintenant, laissez-moi vous dire, monsieur de Balzac, que j'aurais pu ne pas me trouver cette nuit-là à la préfecture de police, continua Vidocq, je n'y étais pas toujours. Mais une expédition des plus hautes et des plus délicates devait avoir lieu pendant cette même nuit au petit jour, et pour la mener à bien on m'avait fait l'honneur de solliciter, la veille, les lumières et l'appui de ma collaboration. »

Le mot de collaboration, dit dans cette circonstance, secoua Balzac comme l'eût fait une pile électrique. Vidocq remarqua l'étonnement qu'il avait produit dans sa bouche. Il crut une explication nécessaire. « C'est le mot, reprit-il avec un certain gémissement d'excuse, employé à la préfecture pour définir l'association des aptitudes locales dans quelque grande affaire de police. L'un apporte dans ces expéditions marquantes son coup d'œil sûr, l'autre sa prudence infaillible, celui-ci son sang-froid, celui-là son audace. Est-ce que toutes ces qualités réunies, mises en commun, dans un but particulier pour mieux l'atteindre, ne représentent pas une réelle collaboration ? — Au fond, c'est vrai, » dit Balzac, qui prit son parti bien vite sur la vanité du mot, et qui, d'ailleurs, était trop engoué des mystères de la police pour ne pas pardonner à celle-ci, dans la personne d'une de ses illustrations, ses caprices, son orgueil et ses faiblesses. « Va pour collaboration ! s'écria-t-il avec sa joyeuse bonhomie : maintenant dites-moi, cher collaborateur, le rôle que vous alliez jouer dans cette comédie à l'espagnole.

— D'abord le rôle d'admirateur, répondit Vidocq, toujours disposé à mettre en avant ses prétentions de don Juan, prétentions encore vivaces chez lui à cette époque, malgré son âge avancé, fort avancé, car Vidocq, qui mourut quelques années après, est mort très-âgé.

« Le rôle d'admirateur, répéta-t-il. L'extraordinaire beauté de la comtesse me frappa comme un soleil qui paraîtrait soudainement à minuit ; je ne dirai pas qu'elle m'éblouit ; elle m'aveugla, malgré l'excessif désordre de sa toilette. Je n'avais jamais vu de plus beaux vingt-cinq ans plus richement portés. Quelles épaules ! quelle taille ! quels mouvements nobles, fiers, moelleux ! Du marbre et du velours. Une belle créature ! On ne se représente pas les reines plus belles, puisqu'on veut que les reines soient mieux partagées que les autres femmes. Elle produisit sur moi, vous le voyez, une forte impression, et je vous prie de croire, monsieur de Balzac, que, dans ma vie, déjà assez longue comme ça, je n'ai pas manqué d'occasions pour comparer et pour raisonner un choix, ajouta Vidocq avec la fatuité qu'il mettait à nu pour la troisième ou quatrième fois.

« Eh bien, continua-t-il, sauf une Italienne, qui me doit un beau cierge, soit dit en passant, pour l'avoir sauvée dans la célèbre affaire du vol de diamants chez la marquise de Fuentes, où trois valets de chambre furent assassinés..., vous vous rappelez ce fameux vol, — excepté cette Italienne, je ne me souviens pas d'avoir rencontré tant de perfections dans une seule femme. Je ne doute pas que, dans un moment moins agité que celui où je me présentai devant elle, elle ne se fût aperçue de mon étonnement, — étonnement n'est pas le mot, — de mon ravissement. Mais nous avions tous la vue et la pensée ailleurs qu'au sentiment de la beauté et de l'admiration, cette nuit-là.

« Vidocq, me dit à brûle-pourpoint le préfet, dès mon entrée dans son cabinet, et je vais vous répéter, presque mot pour mot, notre dialogue : Vidocq, un grand personnage est mort, de mort subite, cette nuit, il y a quelques heures, chez madame.

« — Très-bien, monsieur le préfet ; nous disons qu'il est mort de mort subite.

« — Le mari de madame est absent, mais il revient cette nuit.

« — À quelle heure ?

« — À l'instant.

« — Autant dire qu'il est revenu.

« — Oui, autant dire ; le corps du jeune homme est en bas, dans une voiture, ajouta M. le préfet, dans la voiture de madame. »

« La comtesse leva les yeux sur moi. J'étais calme comme je le suis en ce moment. J'écoutais, je réfléchissais.

« Vidocq ?

« — Monsieur le préfet, répondis-je, j'attends.

« — Il faut que vous nous débarrassiez de cet homme.

« — Du mari ou de l'amant ?

« — Du mort, » dit sèchement le préfet.

« J'avais bien compris, mais le petit mot pour rire m'était échappé.

« — C'est plus difficile alors, répondis-je à mon magistrat. Un vivant, c'est bientôt fait… Mais un mort !… Enfin, voyons. Vous désirez que je vous débarrasse, avant qu'il soit jour, du mort qui se trouve dans la voiture de madame la comtesse de B… — Vous me connaissez ! m'interrompit la comtesse. — J'ai cet honneur, madame. » Le préfet regarda madame de B… avec une expression qui voulait dire : Vous voyez bien qu'il n'y avait aucun danger à mettre Vidocq dans la confidence.

« — Il y a un moyen, dis-je, de vous débarrasser de ce mort. »

« Toute l'énergie de la comtesse monta dans ses yeux et s'y arrêta.

« — Quel est ce moyen ? me demanda-t-elle.

« — Voulez-vous, madame, que, dans trois ou quatre heures, ce matin, quand il va faire jour, ce cadavre soit trouvé, percé de plusieurs coups de poignard, sur la voie publique ?

« — Assassiné !

« — Oui, madame, assassiné ; trois coups de poignard dans le ventre, un dans le cœur. Ce sera bien exécuté. On le ramasse, on ne trouve sur lui ni sa bourse, ni sa montre, ni ses bagues. Il a été volé. Ce sont des voleurs qui l'ont tué. Grand bruit pendant vingt-quatre heures. Enquête de la justice ; enquête qui ne peut aboutir à rien du tout, puisqu'il n'y a ni vol ni assassinat. Huit jours après, il n'est plus question de l'événement.

« — Assassiné !

« — Mais, puisqu'il est mort, où est le crime, où est le mal de le poignarder ?

« — Assez ! s'écria la comtesse, qui s'était caché le visage dans ses mains crispées, assez ! monsieur, assez ! assez ! »

« Je regardais le préfet pour connaître aussi son opinion ; je ne fus pas encouragé à persister dans la mienne. Cependant, assassiner un mort !… « Assassiné ! murmurait encore la comtesse, horrible ! horrible ! non ! non ! je ne veux pas… pas de coup de poignard ! oh non ! »

« Je me tus ; chacun garda le silence pendant quelques minutes, après le rejet définitif du moyen que j'avais proposé ; ce moyen était bon pourtant dans la conjoncture épineuse où l'on se trouvait. Mais il y a des gens délicats, que voulez-vous ?

« — Puisque ce moyen ne vous convient pas, dis-je à la comtesse, voulez-vous, madame, que le corps de la personne qui est dans votre voiture disparaisse du monde absolument comme si ce corps n'eût jamais existé ?

« — Comment cela ? me demanda la comtesse, ouvrant ses mains pour me laisser voir son visage effaré.

« — Je vous demande s'il vous convient que les choses se passent de telle manière que ce jeune homme, mort subitement, disparaisse non moins subitement du milieu du monde. On pourra le chercher, mais il ne sera jamais retrouvé.

« — Jamais ?

« — Jamais.

« — Ainsi, pas de sépulture ?

« — De sépulture… de sépulture… si vous voulez aussi le luxe d'une sépulture !… mon plan est impossible.

« — Mais encore, comment le ferez-vous disparaître ?

« — C'est mon affaire.

« — Oh ! non, il m'importe de savoir…

« — Croyez-moi, madame, ne cherchez pas à savoir…

« — Au contraire, et si vous ne me dites pas…

« — Est-ce que le chirurgien montre au patient la scie avec laquelle il se dispose à lui couper la jambe ? Eh ! mon Dieu ! madame, encore une fois, que vous importe comment ce jeune homme disparaîtra, pourvu qu'on vous en délivre ? laissez-moi maître, entièrement maître des expédients que je crois les plus sûrs, les meilleurs pour atteindre ce but, qui n'est pas facile, persuadez-vous-le bien ; donc, voulez-vous de mon second moyen, oui ou non, madame ?

« — Non ! »

« Je pris, sur cette réponse précise et sèche, mon chapeau jeté dans un coin en entrant, et je me dirigeai vers la porte. Voyant cela, la comtesse poussa une exclamation aiguë de folie et de douleur qui me fit brusquement me retourner. Je remarquai dans ce mouvement le signe d'autorité que m'adressait le préfet pour m'ordonner de rester. Je m'arrêtai ; je revins sur mes pas.

« — Autre chose ! monsieur, me dit la comtesse ; imaginez, créez autre chose, je vous en conjure. Ma vie et mon honneur sont ici en ce moment. »

« Malgré les scrupules de la comtesse, sur lesquels j'aurais très-bien passé à pieds joints, sans mon respect pour mon chef, c'est-à-dire que je me serais emparé, malgré les mièvreries de la dame, du cadavre laissé dans la voiture et l'aurais jeté, avec cent livres de pierres dans les poches du haut du pont d'Iéna dans la Seine ; malgré les résistances sans raison plausible de la comtesse, dis-je, je vis nettement que je commandais la situation, et, pour en sortir, je parlai ainsi à cette noble personne : « — Madame, si vous tenez, comme vous paraissez y tenir, à ce que je fasse quelque chose pour vous, dites-moi ponctuellement comment les choses se sont passées cette nuit ; ce n'est qu'à ce prix que je puis vous aider, vous sauver. Pour un cas mortel, vous appelez un chirurgien célèbre ; il convient de ne rien lui cacher. J'en suis bien fâché pour ma modestie, mais je suis cet opérateur célèbre ; vous, vous êtes la malade : voulez-vous que je vous sauve ? parlez, que je sache tout. »

« Quelle force de volonté appela à elle la comtesse pour entrer dans cette redoutable confidence !

« — Eh bien, dit-elle, puisqu'il le faut !… M. Karls… arracha hier à ma faiblesse la permission de passer quelques instants chez moi, après le spectacle, après les Italiens. Il s'autorisa à prendre le thé. »

« Ce que le thé, mon cher monsieur de Balzac, a causé à Paris de ces sortes de rendez-vous nocturnes, plus ou moins funestes aux ménages, est vraiment incalculable !

« — Était-ce la première fois, demandai-je à la comtesse Hélène de B…, que M. Karls… allait prendre le thé chez vous en l'absence de votre mari ?

« — La première fois, monsieur.

« — C'est bien.

« — Pourquoi cette question ?

« — Parce que vos gens n'iront pas au delà du simple étonnement quand ils apprendront la mort de M. Karls… Ils ne diront pas entre eux : — Ah ! c'est étrange ! Ce jeune homme qui avait passé plusieurs nuits de suite chez nous, c'est celui qui vient de mourir… — Comme s'il ne fallait pas toujours avoir passé la nuit quelque part quand il nous arrive de mourir. Ces animaux-là sont très-bêtes, mais très-dangereux. C'était donc la première nuit qu'il passait chez vous ?

« — La première soirée, monsieur.

« — Soirée, soit. Une soirée prolongée. »

« — Nous avions eu très-froid, poursuivit la comtesse sans s'accrocher à l'impertinence de la réflexion, excessivement froid en venant des Italiens à mon hôtel de la rue Bellechasse, en sorte que, lorsque nous sommes arrivés chez moi, j'ai dit qu'on fît grand feu à la cheminée. Pendant que mes gens s'occupaient à remplir mes ordres, et que M. Karls… parcourait les journaux du soir assis sur un divan, je suis passée dans ma chambre pour quitter une partie de ma toilette et changer de chaussure ; je suis ensuite rentrée au salon, où j'ai sonné pour qu'on servît le thé. Cinq minutes après, on le servait et nous causions, M. Karls… et moi, auprès de la cheminée, où les domestiques, exagérant mes ordres, avaient mis du bois à incendier l'hôtel. Il y avait une heure que nous parlions de choses et d'autres, de la représentation des Italiens, de la pièce, des acteurs, lorsque M. de Karls…

« — Pardon, madame la comtesse, mille pardons ; mais quelle heure pouvait-il être, demandai-je à la comtesse, au moment où vous êtes entrée ce soir à votre hôtel de la rue Bellechasse ? » Vous allez voir, monsieur de Balzac, combien cette simple question faillit bouleverser, dès le début, le récit de la comtesse et en rendre tout à fait inintelligible la suite.

— Parbleu ! s'écria Balzac, le beau miracle ! la belle merveille ! L'émotion rend facilement compte des erreurs de temps commises en pareil cas, si c'est d'une erreur pareille que vous allez parler.

— C'est précisément d'une erreur de cette nature que je vais parler, vous l'avez pressenti ; mais confirmez-vous bien dans la pensée, mon cher interrupteur, que l'émotion n'y était pour rien, quoique l'émotion ne cessât d'être d'une violence alarmante chez la comtesse Hélène de B…

— Nous allons voir, nous allons voir !

— Vous allez voir sur-le-champ. Après une hésitation assez prononcée, la comtesse me répondit très-vivement :

« — Puisque j'ai dit, monsieur, que nous sortions des Italiens, c'est qu'il était, selon toute apparence, onze heures et un quart, onze heures et demie.

« — Êtes-vous bien sûre, madame, de l'heure que vous indiquez là ?

« — Je l'assure, répliqua la comtesse d'un ton qui marquait beaucoup plus de contrariété encore que d'assurance.

« — Alors, permettez-moi de vous faire observer, madame, qu'il n'était guère que minuit et demi lorsque vous êtes arrivée avec votre femme de chambre à la préfecture de police. Vous auriez donc, de onze heures et demie à minuit et demi, c'est-à-dire en une heure, en une heure seulement, changé de toilette, pris du thé, causé *une heure* avec M. Karls…, fait atteler de nouveau, puisque, dans l'intervalle d'une heure, le cocher avait eu le temps de dételer, et vous seriez venue, toujours dans l'espace d'une heure, de la rue Bellechasse à la rue de Jérusalem ?

— J'avoue, balbutia Balzac, qu'il y a là…

— Laissez, reprit Vidocq, lui coupant la parole au bord des lèvres, laissez répondre la comtesse, et vous verrez si j'avais raison de m'étonner du désaccord existant entre l'heure et les événements rapportés par elle, événements, notez bien ceci, que j'étais loin de connaître tous, car si je les eusse connus tous, ainsi qu'il arriva quelques instants après, mon objection eût été cent fois plus écrasante encore, et rien de ce qu'aurait dit ensuite la comtesse n'eût paru vrai ni même vraisemblable. Et alors où allions-nous ? D'abord moi, je n'aurais pas consenti à marcher dans ces ténèbres ni à aider de mon ministère à la disparition d'un homme dont la mort m'eût paru louche. Oh ! non !

— Comment la comtesse se tira-t-elle de là ? demanda Balzac qui, en ce moment, ressemblait plus que Vidocq à un homme de la police, tant il y avait d'inquiétude, de ruse en quête d'une solution, allumée dans ses yeux, pour deviner les intentions de la comtesse, cherchant à troubler l'eau dans le but de cacher quelque chose d'important, d'essentiel, d'inavouable, peut-être.

— Comment elle se tira de là, reprit Vidocq. Eh ! mon Dieu, en confessant la vérité, du moins presque toute la vérité. Elle dit qu'elle ne se souvenait pas bien si elle et M. de Karls... avaient quitté les Italiens à la fin du spectacle, ou bien un peu avant la fin. Pressée de préciser, elle avoua qu'elle et lui étaient partis bien avant la fin.

« — Du moment où c'est bien avant la fin, repris-je moi-même alors, il pouvait être, quand vous êtes arrivés à votre hôtel, au lieu de onze heures et demie, dix heures et même neuf heures.

— Diable ! interrompit Balzac, est-ce qu'ils ne seraient pas allés du tout aux Italiens ?

— Je ne le suppose pas.

— On pourrait l'admettre, et quant à moi...

— Vous admettez trop maintenant, au contraire de tantôt où vous n'admettiez rien, à cause de l'émotion. Vous verrez, par la suite de ce récit et sans qu'il soit besoin que je vous dise tout, absolument tout, qu'il fallait bien rétrograder jusqu'à neuf heures pour faire tenir, sans dépasser minuit, tous les accidents graves de cette soirée. La comtesse avança plus aisément dans son récit quand je l'eus forcée d'éloigner un peu le point de départ, dans l'intérêt de la vraisemblance ; mais je sentis au fond de ses paroles, depuis ce moment-là, une amertume qu'elles n'avaient pas auparavant. Je la compris. Elle aurait voulu me supprimer l'amant, et ne me montrer que l'étranger dans cette terrible confidence. Ce n'était pas possible.

— Mais elle avait déjà avoué au préfet de police que ce M. de Karls… était son amant.

— Oui, monsieur de Balzac, au préfet, mais pas à moi. Il lui en coûtait horriblement de répéter l'aveu, et, plus encore, de dire l'usage de son temps pendant toute la soirée.

— Tenez, Vidocq, encore une fois, retranchons les Italiens de cette soirée, pour arriver aussi à retrancher la soirée, vous le verrez.

— Cependant…

— Rien n'est plus clair.

— Comment cela ?

— Il y avait eu nuit, mais pas soirée.

— Oh ! je ne vais pas si loin ! je ne vais pas si loin ! mon cher monsieur de Balzac ! Il y a eu un peu d'Italiens.

— Bien peu ! bien peu !

— Soit ! Un peu de soirée après les Italiens.

— Encore *plus peu* !

— Et le thé ?

— Ah ! bath ! est-ce qu'ils ont pris du thé ?

— Vous êtes un homme terrible, monsieur de Balzac !

— Pas plus que la vérité, monsieur Vidocq.

— La comtesse continua, mais la fatigue l'exténuait.

« — Le salon, dit-elle, avait été trop chauffé par les domestiques ; il l'avait été à ce point, que je fus obligée d'appeler Honorine, ma femme de chambre, et de lui faire ouvrir les deux battants de la porte de ma chambre à coucher pour que la chaleur, en se répandant, diminuât un peu. Il ne fallait pas songer à ouvrir les croisées ; vous savez le froid qu'il fait ce soir… L'atmosphère de l'appartement, le thé, la conversation, avaient donné une animation extraordinaire à M. de Karls… Il était surexcité, il m'a paru éprouver une sorte d'ivresse, de fièvre, d'exaltation ; il parlait beaucoup, vite, puis très-vite ; il riait ; enfin, l'agitation est parvenue à un tel degré chez lui, qu'il m'a demandé, car il étouffait, la permission de quitter son habit ou de se retirer. Il avait besoin d'air. Je lui ai permis de quitter son habit. Après s'être assis de nouveau sur le canapé, il s'est mis à me raconter, avec plus de gaieté encore qu'auparavant, une aventure de théâtre, je ne sais plus quel accident burlesque arrivé à une actrice pendant qu'elle était en scène ; il ne cessait pas de rire en me la disant. Tout à coup je n'entends plus rien. Quelques secondes s'écoulent, et je l'engage à terminer l'anecdote commencée ; pas de réponse ; je prie, j'insiste, même silence. Je suppose alors que M. de Karls… a été subitement saisi par une invincible envie de dormir, comme cela arrive quelquefois. Il est tard, il est fatigué, oui, il dort, me dis-je. Cependant, étonnée de ce brusque passage d'une joie bruyante, exagérée, à un sommeil aussi tenace, je quitte mon fauteuil et je vais m'assurer… Le visage de M. de Karls… était affreusement renversé, ses yeux étaient retournés, on n'en voyait plus que le blanc ; un coin de la bouche touchait l'oreille. Il était mort. Je pousse un cri, un cri que je n'entends pas, car en le poussant je tombe au pied du canapé. Voyez, j'ai le front coupé là et là. Honorine accourt. Entre cette mort et cet évanouissement, elle ne perd pas un instant la tête ; d'un coup d'œil elle mesure le péril, et quel péril fut jamais plus grand, plus réel ! mon mari allait arriver, il était en route ; il courait entre Étampes et Paris, dans trois heures il serait rendu près de moi. Honorine court dans mon boudoir, plonge sans hésiter une éponge dans de l'eau glacée oubliée dans une cuvette sur la croisée, et vient poser cette éponge sur mes joues, sur mes yeux, sur ma poitrine. Pendant que je reviens à moi, elle roule le divan près d'une fenêtre ; cache le mort sous la tombée des rideaux. Je reprends mes sens ; Honorine me dit alors qu'il nous faut prendre une résolution immédiate. Quelle résolution aurais-je prise, moi ? Aussi c'est elle, Honorine, une fille bien forte, allez ! un caractère… Elle a tout fait. Souvent elle m'avait entendu parler du préfet de police ; elle veut aller chez le préfet de police, tout lui dire, nous en remettre à lui exclusivement, et cela sans plus attendre. Il faut profiter de ce que tout le monde dort dans l'hôtel ; puis, à nous deux, descendre le mort dans la cour, ouvrir sans bruit la remise, le mettre dans la voiture ; une fois enfermé dans la voiture, éveiller le cocher et lui dire que nous allons sur le quai des Orfévres, au coin de la rue de la Sainte-Chapelle. C'est un bon Allemand arrivé du mois dernier à Paris ; il ne cherchera pas à en savoir davantage. Par exemple, il ne faut pas songer à emmener le valet de pied avec nous ; il s'est foulé la cheville, il ne marche pas. D'ailleurs quel embarras n'eût-il pas été pour nous ! Le cocher sortira la voiture de la remise, il attellera ; pendant ce temps, moi je ferai une toilette de soirée, pour convaincre au besoin mon mari, si je le trouvais au retour, que je suis allée en soirée. D'où reviendrais-je à cette heure-là ?… Honorine imagine, règle, exécute tout cela. Moi je suis hébétée, idiote, je fais ce qu'elle veut, je la regarde faire. Oui, mais la pauvre Honorine n'avait pas prévu la plus grande de toutes les difficultés. Que de peines ! quelle horrible tâche ! quelle tâche impossible d'habiller un corps où la vie n'est plus. Tout tombait, tout fuyait, tout s'en allait flottant. Les bras détendus se refusaient à entrer dans les manches, et quand nous forcions pour les introduire, ils faisaient entendre d'horribles craquements. Et pour replacer les pieds dans les souliers à guêtres de M. de Karls… !! Non, rien au monde ne se compare à cette douloureuse et sacrilége toilette. »

— Il avait donc aussi quitté sa chaussure ? demanda Balzac.

— Ah ! voilà !

— Elle n'avait parlé que d'un habit, il me semble.

— Débrouillez cette fusée. Tous comprenez qu'une question, en pareil cas, était impossible. Du reste, madame de B..., revenant elle-même sur cette erreur, causée par le trouble et l'ébranlement du cerveau, sembla la détruire par un autre incident.

« — Il a fallu ensuite, reprit-elle, descendre M. de Karls... pour le porter à la voiture, et le descendre sans le moindre bruit dans l'escalier, de peur d'éveiller le concierge, et ouvrir ensuite la remise ! Quand il a été dans la voiture, je suis bien vite remontée pour me livrer à ma toilette de soirée. Honorine était allée éveiller le cocher, auprès duquel il importait qu'elle restât tout le temps qu'il attellerait, pour qu'il ne s'avisât pas d'ouvrir la voiture ! Comme j'avais le cœur à la toilette ! Est-ce que je sais ce que j'ai fait ! J'ai pris des rubans, des bijoux, des bracelets, du rouge, des épingles, tout ce qui m'est tombé sous la main. C'est ici seulement que je viens de m'apercevoir que j'avais une bottine noire et un soulier de satin blanc. Le reste s'est passé comme je l'ai dit. Le cocher a tiré la voiture hors de la remise ; il a attelé ; je guettais, je suis descendue, puis, moi et Honorine nous sommes montées toutes deux en voiture, et enfin nous sommes partis *tous les trois* pour venir ici. »

« Tout ce récit fut fait par madame de B… avec une décision, une sobriété de mots, une bravoure de cœur qui me donnèrent, à moi, Vidocq, assez bronzé pourtant sur toutes choses de ce genre, le frisson blanc dans tous les membres. J'eus froid dans le dos. Pour me ranimer, j'allai, sans être aperçu, poser mes deux mains à plat sur le marbre encore tiède de la cheminée. Mais comme c'était à moi de parler ou plutôt d'agir, je me remis bien vite. Je commandai à mon sang de se taire, à mes nerfs de rester tranquilles.

« — Madame, dis-je à la comtesse, encore un mot !

« — Encore ! dit-elle. Que voulez-vous encore savoir ? Et elle murmura entre ses dents, qui se serrèrent à se briser, et comme si elle eût cherché à mordre et à déchirer sa destinée : Que d'affronts ! que de hontes ! que de malheurs ! »

« Je fis semblant de n'avoir pas entendu ; je lui demandai :

« — Quelle est la rue où demeure M. de Karls… ?

« — Quoi ! il faut que je vous dise ?…

« — C'est indispensable, et le numéro de sa maison.

« — Voilà ! me dit-elle, en m'indiquant une rue et un hôtel.

« — C'est bien, c'est tout. Dans quelques instants, je l'espère, madame, tout sera réparé.

« — Et comment ?

« — Vous allez le savoir.

« — Et plus de coups de poignard, plus de disparition violente ?

« — Rien de tout cela, puisque vous n'en avez pas voulu. Tout se passera de la manière la plus simple, et c'est vous-même, madame, qui, par votre sincérité presque complète, venez de m'inspirer le moyen dont je vais faire usage pour que votre réputation ne soit pas compromise, et pour que le corps de M. de Karls… soit respecté comme il le serait au milieu même de sa famille. Dans un quart d'heure, les restes de M. de Karls… seront chez lui, dans sa chambre. Et vous, madame, ajoutai-je en tirant ma montre, dans cinq minutes vous serez dans votre voiture, qui roulera vers votre hôtel, délivrée du triste dépôt qu'elle renferme.

« — Ah ! monsieur, quelle reconnaissance sera la mienne ! Mais quelle reconnaissance sera jamais à la hauteur du service que vous me rendez ? »

« Après avoir sauté au cou du préfet, qu'elle embrassa de toute la violence nerveuse de son transport, elle me serra la main à me la briser. C'est un des plus beaux moments de ma vie. »

Vidocq passa sa main sur ses yeux.

Balzac, qui étudiait sa physionomie, lui versa, sans cesser de le regarder, un grand verre de rhum.

« Non, dit Vidocq ; plus tard. Je n'ai besoin de rien. »

Et il éloigna le verre avec un geste dont Frédérick-Lemaître eût admiré et retenu la magnificence, la largeur et la noblesse. Le souvenir d'une belle action sanctifiait la vieillesse d'un homme qui ne fut pas toujours aussi pur, aussi bien inspiré, que pendant cette mémorable nuit racontée par lui-même.

Il reprit :

« Vous comprenez qu'il n'y avait pas de temps à perdre pour exécuter mon projet et le mener à bonne fin, non que le jour fût près de paraître ; mais j'éprouvais, je ne vous le cacherai pas, une certaine défiance dans mon esprit, une certaine crainte, dont je n'avais pas jugé à propos de faire part, soit à la comtesse, soit au préfet, de peur d'altérer le contentement immense que j'avais produit chez eux. J'allai au-devant de la comtesse, et j'ouvris la porte, lui indiquant par là que nous n'avions plus rien à faire dans le cabinet de M. le préf, que l'action allait se passer maintenant dans la rue.

« Avant de sortir, elle se tourna une dernière fois vers le préfet, et elle lui dit, la main sur le cœur, où elle appuya avec force :

« — Comptez sur moi comme sur Dieu. »

« Nous sortîmes, elle et moi, du cabinet particulier de M. le préfet de police.

« En traversant l'antichambre, elle dit tout bas à Caron, qui l'attendait un flambeau à la main :

« — Vous ne serez pas oublié, monsieur ; tout sera fait comme je l'ai promis. »

« Je descendis ensuite avec elle le grand escalier de la préfecture. À l'endroit où il tourne, je m'arrêtai pour ouvrir la porte de la pièce d'attente ; — j'y avais laissé, il vous en souvient peut-être, la belle femme de chambre de la comtesse. — Elle accourut, avec l'empressement du prisonnier qu'on délivre, se joindre à sa maîtresse, non moins heureuse de la retrouver, et qui lui dit en pesant sur son bras : « — Honorine, tout va bien ! mais ne me quittez pas, car tout n'est pas fini. »

« Oh ! non, tout n'était pas fini !

« Pendant que ces deux dames descendaient devant moi, je fis un petit signe à l'un de mes inspecteurs les plus intelligents assis près du poêle.

— Où il mangeait toujours des marrons ? dit Balzac.

— Où il mangeait toujours des marrons ; je lui fis un signe, dis-je ; il se leva, secoua sa pipe ; je lui dis de me suivre ; il prit son manteau, son chapeau, sa canne plombée, et me suivit.

« En quelques mots serrés comme nous savons les dire dans l'occasion, je le mis au courant de tout. Je lui dis ensuite : « — Oui, c'est ainsi que nous allons nous y prendre, si le cocher de la comtesse est toujours endormi. »

« Je n'avais pas oublié, vous le voyez, le murmure échappé à la femme de chambre quelques heures auparavant, quand elle avait arrêté les yeux sur l'équipage de sa maîtresse : *Il dort !* Je dis donc à l'agent : « — S'il ne dort pas, ce ne sera plus tout à fait la même chose ; il y aura là une difficulté !... — Nous allons voir, me dit l'agent, nous allons bien voir. »

« Vous allez voir vous-même s'il était de rigueur qu'il dormît. Notre premier acte consistait à enlever le cadavre qui se trouvait dans la voiture. Et comment l'enlever si le cocher éveillé nous entendait ouvrir la portière, s'il nous voyait pénétrer dans l'intérieur, prendre le corps ?…

« — D'ailleurs, dis-je à mon agent, s'il ne dort pas, il faut qu'il dorme, » ce à quoi mon agent répondit : « — Oui, il faut qu'il dorme d'une manière ou d'une autre. — D'une autre ! diable ! non, » lui dis-je. Il est bon de vous dire, monsieur de Balzac, qu'il existe plusieurs procédés plus ou moins innocents pour provoquer le sommeil chez ceux que l'on a intérêt à dompter par d'autres moyens que celui de la force. Mais ce n'est pas sans danger. Les narcotiques violents, par exemple, amènent des léthargies trop profondes, et il s'ensuit alors des désordres graves, que nous ne savons plus comment écarter. Ajoutez que l'on ne peut y avoir recours dans toutes les circonstances données. Si le sujet ne s'y prête pas un peu, comment lui procurer le sommeil factice dont on a besoin ? On comprend que dans le mouvement, dans l'animation d'un déjeuner, on verse, sans être vu, un somnifère dans le vin ou dans le café ; rien n'est plus aisé, mais comment endormir un cocher assis sur son siège ? Et c'était le cas qui se présentait. Non, il fallait s'en remettre à la Providence pour faire que le cocher de la comtesse Hélène de B… ne fût pas éveillé au moment où nous allions exécuter notre plan. Ce moment était venu.

« Mais nous voilà réunis tous les quatre dans la cour de la préfecture, les deux femmes, moi et mon agent. Je jugeai prudent que la comtesse et sa femme de chambre n'allassent pas plus loin. Je les priai de ne pas franchir la grande porte, celle qui ouvre de biais sur la rue de Jérusalem. Je les engageai à nous attendre dans la loge du concierge, et à ne pas s'effrayer si nous ne revenions pas les chercher aussitôt qu'elles le désireraient et que nous le désirions nous-mêmes. La part de l'inconnu est si illimitée dans toutes les affaires humaines ! L'inconnu pour moi et mon agent, c'était toujours l'importante question de savoir si le cocher veillait ou dormait.

« Nous quittâmes ensuite ces dames et nous filâmes le long des murs de la rue de Jérusalem pour gagner le quai des Orfévres. À quelques pas de la petite rue de Nazareth, qui ouvre dans la rue même de Jérusalem, nous fûmes arrêtés net par la plus abominable des contrariétés, quoique redoutée, quoique prévue.

— Qu'était-ce donc ?

— Nous entendîmes fredonner une chanson.

— Le cocher ne dormait pas ! dit Balzac, et nous dîmes tous avec lui.

— C'était une chanson très-populaire, poursuivit Vidocq, très en vogue alors, très-oubliée aujourd'hui, mais que, pour ma part, je n'oublierai de ma vie. En voici l'air et quelques paroles :

> Toi qui connais les hussards de la garde,
> Connais-tu pas le trombone du régiment ?
> Quel air aimable quand il vous regarde !
> Eh bien, ma chère, il était mon amant.

« La voix venait du quai des Orfévres ; elle ne partait pas d'un point plus éloigné que celui où stationnait la voiture de la comtesse. Quelle indigne chance ! murmurai-je, et quelle indigne chanson ! ajouta mon agent en manière de calembour ; il avait, lui aussi, le petit mot pour rire. Mais que faire ? Si je l'avais écouté, il bâillonnait le drôle en grimpant derrière lui à la façon des étrangleurs indiens ; il l'arrachait ensuite de son siége, allait faire semblant de le voler dans un coin, et, pendant ce temps, moi je me débrouillais avec le mort et ces dames. Puis l'agent lâchait mon homme, et mon homme revenait prendre sa place sur son siége, sans se douter du coup de main. Je ne consentis pas à ce plan de campagne. « — Mais qu'allez-vous donc entreprendre ? me demanda mon agent. — Est-ce que je le sais, maintenant que nous voilà déjoués si complètement ? Gagnons toujours le quai. »

« Nous voilà sur le quai des Orfévres ; arrivés à la grille du jardin que vous connaissez, nous coupons derrière la voiture et nous revenons sur nos pas en longeant le parapet même du quai. Après avoir dépassé la tête des chevaux, nous portons nos regards sur le siége pour nous assurer avec douleur que le cocher ne dormait pas. Il dormait !

— Et la chanson que vous aviez entendue ?

— C'était un autre qui la chantait, un ouvrier attardé qui s'était penché quelques instants sur le parapet pour regarder couler l'eau ; puis il était parti, nous l'aperçûmes ; il s'éloignait du côté du pont Saint-Michel, du haut duquel l'écho de la nuit nous apporta encore ce refrain, qui alla peu à peu s'enfoncer dans les profondeurs de la rue de la Harpe :

> Toi qui connais les hussards de la garde,
> Connais-tu pas le trombone du régiment ?
> Quel air aimable quand il vous regarde !
> Eh bien, ma chère, il était mon amant.

« — À nous ! dis-je alors à l'agent. Cours prévenir ces dames qu'elles peuvent venir. — J'avais déjà ouvert la portière, — l'agent à peine parti, — pris le mort dans mes bras et je l'avais déposé contre le parapet qui borne le quai des Orfévres. C'était un homme magnifique, cinq pieds huit ou neuf pouces au moins, blond, buste élégant ; et quel drap ! quel linge ! J'étendis tout cela par terre et le refoulai contre le garde-fou dans la ligne d'ombre. Je calai le cadavre du haut et du bas, aux pieds et à la tête avec deux pavés ; le terrain allant en pente à cet endroit-là, le mort avait une tendance à rouler. Ceci fait en deux tours de main, je m'éloignai et retournai à la voiture. Je vis venir les deux pauvres femmes ; elles n'avaient pas la force de se traîner, c'étaient deux ombres. Nous fûmes obligés, mon agent et moi, de les soulever pour les aider à monter dans la voiture.

Et que de terreur, que de regards en dessous sans cris ni paroles en y entrant ! Elles ne voyaient plus ce qu'elles y avaient laissé. « — Vous me répondez, monsieur, me dit la comtesse en me saisissant par le bras à m'y enfoncer les ongles, au moment où j'allais refermer la portière, vous me répondez qu'il ne sera fait aucun outrage… — Je vous ai juré, madame, que dans un quart d'heure M. de Karls… serait dans son lit ; il sera dans son lit. » Je saluai et je fermai ensuite la portière avec un bruit épouvantable sur les deux femmes ; puis je m'élançai comme un chat sur la roue et pinçai le cocher à l'oreille à lui faire venir le sang : « — Gredin ! lui criai-je d'une voix de tromblon, double gredin ! n'entends-tu pas ces dames qui te disent depuis un quart d'heure de partir ?

« — Me voilà, me voilà ! répondit le cocher, se jetant sur les guides, me voilà ; où faut-il aller ?… Où faut-il conduire ?…

« — Mais chez vous, ivrogne, à votre hôtel, rue Bellechasse. »

« L'équipage partit comme un éclair. Le pavé se démolissait sous les pieds des chevaux. Quelques minutes après, on ne voyait plus rien, on n'entendait plus rien.

« Sans perte de temps, je conduisis l'inspecteur à l'endroit sombre où j'avais déposé le corps de M. de Karls, et, lui et moi, après l'avoir soulevé de terre en passant chacun de nous, un bras sous les siens, nous le plaçâmes debout, du moins autant que cela pouvait se faire. En réalité il n'était pas debout, nous le tenions suspendu entre nous deux et comme on s'y prendrait pour maintenir en équilibre un homme complétement ivre. Quoique mon agent fût d'une force presque égale à la mienne, à nous deux nous ne parvînmes qu'avec beaucoup d'efforts à l'empêcher de nous glisser, de fuir sous notre étreinte. C'est dans cette position peu commode que nous nous mîmes en marche pour gagner le Pont Neuf. J'avais mon idée. Le Pont Neuf est un vaste fleuve où aboutissent tous les grands courants de la ville, et où il est impossible à qui que ce soit au monde de dire avec certitude de quel point de Paris est venue la personne qu'on y rencontre. Est-ce de la Cité, est-ce du faubourg Saint-Germain, est-ce de la Grève, est-ce du faubourg Saint-Jacques ? cherchez !

« Il entrait dans ma combinaison de dépayser tous calculs ultérieurs auxquels on aurait essayé de se livrer dans le but de savoir où M. Karls… avait passé la nuit. Voilà pourquoi le Pont Neuf. Quoiqu'il n'y ait qu'une bien petite distance, comme vous le savez, de la rue de Jérusalem à ce pont, je ne voudrais pas pour beaucoup recommencer le voyage dans de pareilles conditions.

« Une fois en face de la place Dauphine, nous nous arrêtâmes, et je décidai que nous attendrions là qu'un fiacre vînt à passer. Il ne faudrait pas connaître Paris pour supposer que nous fûmes exposés à attendre fort longtemps. Dès que nous en entendîmes rouler un du côté de la rue Dauphine, je dis à l'inspecteur de se tenir prêt à imiter avec moi des hommes pris d'ivresse, et à chanter une chanson à boire et le plus possible en jargon allemand. Je n'avais pas achevé de donner cet ordre à mon agent, qu'il exhala du fond le plus tyrolien de son gosier un refrain de l'Alsace, soutenu bravement par moi, qui ai l'avantage, je dois le dire, de posséder les plus belles romances de la Meuse et du Rhin, de Sarrebruck, de Sarrelouis, de Sarreguemines et de tous les Sarre connus. À trente pas de nous, le cocher de fiacre que nous guettions dut déjà se dire : « — Voilà, ma foi ! trois ivrognes qui sortent de quelque fameuse orgie. » Et nous nous balancions de droite et de gauche avec notre mort, et nous faisions des révérences devant et derrière ; nous étions superbes. Quand nous ne fûmes plus qu'à quelques pas du fiacre : — « Cocher, m'écriai-je, vous serait-il agréable de conduire monsieur ? Nous n'avons ni assez de temps ni assez d'équilibre, mon camarade et moi, pour le ramener chez lui. » Sans attendre la réponse du cocher, j'avais ouvert la portière et déposé notre fardeau dans l'intérieur de la voiture, me souciant fort peu en ce moment de savoir, vous le supposez sans peine, comment je l'avais fourré sur la banquette. Je refermai bien vite la portière en criant au cocher, après lui avoir mis cinq francs dans la main, pour sa course : « — Rue Saint-Florentin, le premier grand hôtel à droite. Roulez ! »

« Et il roula. Nous fîmes encore entendre derrière lui la reprise de l'air allemand comme un adieu adressé par deux ivrognes à un troisième dont ils se séparent avec douleur.

« Le tour était fait.

« — Ah bien oui ! mais que devint ensuite le cocher avec le cadavre ? » demanda Balzac.

Vidocq avala, d'un trait, à la hussarde, le verre de rhum laissé par lui intact quelques minutes auparavant, et du mouvement délibéré qu'il eût très-certainement, il y avait dix ou douze ans, quand il vit s'éloigner le corps de M. de Karls… dans le prolongement sombre du Pont-Neuf, il répondit :

« Vous avez trop l'habitude de tirer la conséquence des situations données pour ne pas entrevoir ce qui se passa à la rue Saint-Florentin, après que le cocher, sa voiture arrêtée, fut descendu et eut ouvert la portière. Il crut d'abord M. de Karls… endormi, et cela ne l'étonna guère en songeant à l'état peu régulier dans lequel il l'avait recueilli sur le Pont-Neuf ; mais l'ayant secoué graduellement, avec plus de force, et ne le voyant pas remuer davantage, il jugea qu'il se passait quelque chose d'extraordinaire ; ce n'était pas que du sommeil. Il sonna à la porte de l'hôtel indiqué par celui des deux hommes qui lui avait confié l'étrange voyageur. On ouvrit ; il entra, et il alla dire au concierge ce qui arrivait. Celui-ci accourut à la portière, et, à la clarté d'une des lanternes enlevée au fiacre et tenue à la main par le cocher, il reconnut parfaitement M. de Karls…, quoique la mort l'eût de plus en plus défiguré. Que voulait dire cette grande pâleur, cette immobilité, cette roideur dans tous les membres ? La femme du concierge éveillait pendant ce temps les domestiques du jeune officier hongrois. Tout l'hôtel fut bientôt dans la plus vive agitation. Interrogé par le valet de chambre de M. de Karls…, le cocher répondit ce que vous savez déjà : que le voyageur était monté, dans un état complet d'ivresse, au milieu du Pont-Neuf, qu'il était accompagné de deux autres musiciens non moins ivres ; que, après avoir mis leur compagnon dans le fiacre, ils s'étaient éloignés en chantant. Voilà tout. En effet, c'était tout.

« Quant au mort, continua Vidocq, il fut porté dans sa chambre et déposé sur son lit. J'avais tenu parole à la comtesse Hélène de B… ; j'avais rempli à la lettre les engagements pris avec elle dans le cabinet de M. le préfet de police. Le lendemain, on racontait à peu près en ces termes, dans les journaux du soir, l'incident arrivé dans la nuit.

— Ah ! il y a des journaux dans cette affaire ! interrompit Balzac.

— Mais oui…

— En effet, j'aurais dû m'étonner de ne pas les avoir encore vus montrer leur nez, que je voudrais pouvoir leur faire passer derrière la tête. »

Balzac ne laissait jamais se perdre l'occasion de se ruer sur les journaux chaque fois que la circonstance s'y prêtait un peu.

« Et que venaient faire là ces aimables journaux ? Donner sans doute de la publicité à ce qui n'en avait nullement besoin.

— Ah ! que vous avez raison de ne pas les aimer, monsieur de Balzac ! Vous ne sauriez imaginer le tort qu'ils causent à la police en ébruitant d'avance des détails, mille particularités qui vont prévenir les coupables de se tenir sur leurs gardes. Comment voulez-vous qu'une police soit bien faite, soit possible, dans un pays où de telles indiscrétions sont souffertes ? Si, dès qu'un voleur est l'objet des poursuites de la police, vous lui faites savoir, par la voie des journaux, qu'il a été vu à Orléans sous les habits d'un chaudronnier ambulant, que, quelques jours après, il a traversé Tours se dirigeant sur Nantes, où il a l'espoir de s'embarquer, afin de mettre l'Océan entre lui et la France, il est hors de doute que le voleur, sans être bien fin, s'éloignera le plus vite possible des bords enchanteurs de la Loire et ira s'embarquer à Brest, à Bordeaux, ou bien il ne s'embarquera pas du tout, et vous aurez manqué sa capture par l'emploi idiot et burlesque de cette publicité intempérante.

— Il est de fait, dit à son tour Balzac, heureux de cet anathème d'occasion lancé contre les journaux, sa bête noire, il est de fait qu'il est fort inutile d'avoir une police secrète quand on permet aux journaux de tout dire, de tout divulguer, touchant les choses de la police ; inutile d'avoir des gendarmes qui ne peuvent parcourir que dix ou douze lieues par jour, quand les journaux s'insinuent partout à ras du sol, et de cabaret en cabaret, vont répandant la nouvelle comme l'eau se répand dans une inondation. C'est stupide ! Autant vaudrait faire imprimer à chaque renouvellement d'abonnements dans les journaux mêmes, au lieu de la formule ordinaire, celle-ci plus logique et plus complète :
« — Messieurs les escrocs, filous, voleurs de toutes les

catégories ; messieurs les repris de justice de tous les degrés, en suspicion et en rupture de ban, sont priés de renouveler leur abonnement s'ils ne veulent pas éprouver de retard dans l'envoi de cette feuille et de nombreux désagréments de la part de la justice, des mouvements de laquelle nous avons soin de les tenir au courant avec notre exactitude accoutumée. »

— C'est bien cela ! » s'écria Vidocq enthousiasmé de la plaisanterie pleine de bon sens de Balzac, qui la broda de bien d'autres agréments que nous ne reproduisons pas ici, par la raison que notre mémoire n'a pas gravé assez fidèlement le souvenir de leur forme si vive, si pittoresque dans sa bouche rabelaisienne.

« Mais reprenons, dit Vidocq. Le lendemain, l'événement était raconté à peu près de cette manière, vous disais-je, dans les journaux : « Un noble et riche étranger, le jeune M. de Karls…, l'unique et brillant héritier d'une des plus anciennes familles de la Hongrie, a été frappé d'apoplexie foudroyante dans une voiture de place, cette nuit entre cinq et six heures du matin, en se rendant chez lui rue Saint-Florentin. On ne saurait trop admirer les soins prodigués à ce jeune homme, — bien qu'inutilement, — par l'honnête cocher, dès qu'il s'est aperçu du malheur effroyable dont le hasard de sa profession le rendait témoin. Après avoir vainement frappé à la porte de plusieurs pharmaciens placés sur sa route, il a confié aux gens de l'hôtel somptueux habité par M. de Karls…, rue Saint-Florentin, le cadavre qu'il rapportait. Ce n'est pas tout. Il a été impossible de faire accepter la plus faible indemnité à ce brave cocher, qui s'est retiré en silence et désolé comme d'une calamité personnelle. Tant de désintéressement et tant d'humanité ne demeureront pas à coup sûr sans attirer l'attention de l'autorité, toujours pleine de sollicitude et de bienveillance pour ses subordonnés. »

« Voici, poursuivit Vidocq, ce qui est plus sérieux.

« Deux jours plus tard, on lisait dans les feuilles publiques : « — C'est demain qu'aura lieu à l'église de la Madeleine le service funèbre pour le repos de l'âme de M. de Karls… Les nombreux amis de ce jeune étranger, si prématurément enlevé à la haute société parisienne, se feront un devoir pieux d'y assister. Son corps devant être transporté en Hongrie, la cérémonie religieuse se terminera à l'église, où l'on se réunira à midi. »

« Je ne vous dirai point ce qui se passa chez la comtesse de B… quand elle eut quitté la préfecture de police, par la raison que je l'ai toujours complètement ignoré. Mais il est probable que le retour du mari ne fut marqué par aucun incident bien grave ; il n'a jamais rien transpiré qui permette de supposer le contraire. La comtesse, si elle n'arriva pas avant son mari à l'hôtel de la rue Bellechasse, eut le temps, surtout la faculté de passer dans ses appartements, et de s'y composer une toilette en harmonie avec le prétexte qu'elle prit pour expliquer naturellement son absence, fête, bal ou soirée. Cela lui fut facile, comme cela sera toujours facile aux femmes du grand monde, habituées à vivre, malgré la communauté conjugale, dans une complète indépendance. Mais la force de volonté déployée par la comtesse pendant la crise qu'elle avait traversée eut une épreuve plus redoutable encore à subir quelques jours après.

« Madame de B… fut obligée, à cause des relations officielles du comte avec l'ambassade d'Autriche, de figurer en habits de deuil au service funèbre de la Madeleine. Il n'y avait pas à alléguer de prétexte de maladie ; la prudence exigeait de l'audace, de la témérité, dût cette témérité coûter la vie.

« Pendant deux heures, les yeux fixés sur une tenture noire, le cœur brisé par des voix touchantes mais déchirantes, pendant deux heures qui furent deux éternités, elle s'enivra du spectacle de son amant étendu mort devant elle, sans pouvoir pleurer, sans pouvoir se plaindre, sans pouvoir gémir ni prier à l'angle de cette bière, sans pouvoir crier à ce mort chéri : « Adieu ! adieu ! adieu ! »

« Elle fut condamnée au supplice de l'indifférence, à la torture de la dignité.

« Dieu la punissait déjà bien cruellement ; il lui défendait les larmes. Aussi ses larmes comprimées l'étouffèrent ; elles l'empoisonnèrent en lui tombant sur le cœur. Elle rentra à son hôtel pour ne plus en sortir. La douleur se changea chez elle en mélancolie, la tristesse en langueur. Puis vint la maladie, puis les médecins ; ils donnèrent un nom à cette maladie ; un nom latin ou grec : choisissez : hypertrophie du cœur, je crois. Oui, c'était bien le cœur qui était malade, mais la maladie s'appelait l'amour. La pauvre comtesse Hélène de B… avait vécu par l'amour ; cet amour tué, elle mourut. Que voulez-vous ? il n'y a que les grandes passions qui soient logiques dans ce monde : aussi font-elles mourir. Les petits sentiments vivotent.

« Avant de mourir, la comtesse Hélène régla silencieusement ses affaires ; la bonne femme de chambre, la brave Honorine, l'aida en cela avec sa fermeté discrète. Caron (vous vous rappelez l'huissier de la préfecture de police, celui de la fameuse nuit), Caron toucha une forte somme de la main à la main en compensation de la pension qu'il devenait impossible de lui servir, la comtesse n'étant plus là. Honorine ne fut pas oubliée ; elle n'eut plus besoin de se mettre en service chez les autres ; elle vit aujourd'hui retirée à Vilvorde, dans une jolie terre qu'elle a achetée : moi non plus je ne fus pas oublié ; je reçus, par Honorine, cette magnifique bague ; regardez ; elle vaut deux mille francs. Mais, valût-elle un million ou un liard, je ne m'en séparerais pas plus que de ma tête. Elle est rivée à ce doigt. C'est la seule chose qui m'ait jamais été rivée, quoi qu'on ait prétendu. Je veux être le galérien de ce souvenir. »

Pendant quelques minutes, Vidocq nous montra, avec l'orgueil de l'ancien homme de la police et une certaine sensibilité sénile qui remue toujours le cœur, le beau diamant enchâssé dans l'anneau d'or passé à son doigt.

« De cette bataille de la vie il ne restait donc plus que le mari, remarqua Balzac ; deux personnages sur trois avaient disparu. Il me semble avoir entendu dire qu'après avoir visité, il y a quelques années, les deux Amériques, le comte de B… s'était fixé en Dalmatie, où il possédait de vastes propriétés qu'il faisait valoir lui-même, quoiqu'il eût déjà une position considérable et qu'il n'eût pas d'enfants.

« C'est exact. Il s'était retiré à Zara, d'où il ne sortait, une ou deux fois par an, que pour aller à Trieste. Pour se distraire bien plus encore que pour augmenter ses revenus (car, ainsi que vous le dites fort bien, il n'avait pas d'héritiers à l'établissement desquels il fût obligé de consacrer son existence), il avait pris une forte part d'intérêts dans une puissante société d'assurances maritimes créée par les principaux négociants de cette riche cité. C'est ordinairement à l'époque où les plus célèbres chanteurs de l'Italie se rendent à Trieste, et viennent y jouer les opéras nouveaux en vogue, qu'il avait l'habitude d'y aller, ayant toujours conservé un goût très-vif pour la bonne musique. Il était un des fidèles habitués de l'Opéra, où il avait sa loge à l'année. C'était là son seul plaisir. Triste, solitaire, n'allant chez personne, la musique semblait le consoler du chagrin qu'il traînait partout avec lui. J'ai eu ces détails par les affaires étrangères, dont le dossier est ouvert à la police secrète, vous le savez aussi bien que moi, et mis à sa disposition pour compléter ses renseignements sur les nationaux établis hors de chez eux. C'est pendant la représentation d'un opéra, qu'un soir il entendit, dans la loge voisine de la sienne, un Français, arrivé depuis peu de temps à Trieste, dire presque à haute voix à quelques négociants maltais qui s'extasiaient sur la beauté de la *prima donna*, qu'elle ressemblait extraordinairement à la comtesse Hélène de B…, une grande dame, ajouta-t-il, fort connue à Paris, et que son mari avait empoisonnée, l'ayant soupçonnée d'infidélité, bien qu'elle passât pour être morte d'une maladie de langueur. Il entra dans d'autres détails excessivement pénibles pour le comte. Celui-ci laissa achever l'acte sans laisser paraître la moindre émotion à ses voisins de loge ; mais, pendant l'entr'acte, il alla frapper deux petits coups à leur porte, et par cette porte entr'ouverte il glissa sa carte au Français, voyageur spirituel, touriste charmant, causeur délicieux. Sur cette carte, il y avait un endroit et une heure indiqués pour le lendemain. Puis il salua et rentra dans sa loge, où il écouta tranquillement la fin de l'opéra. L'habileté du comte à l'épée était connue : on avait choisi l'épée pour vider le combat.

« Après avoir désarmé trois ou quatre fois son adversaire et s'être donné le plaisir, en bon tireur qu'il était, de lui tracer en rouge des zigzags sur la poitrine, il s'écria, en se précipitant sur l'épée tendue devant son épée : « En voilà assez ! » En même temps, il se découvrait et se faisait traverser de part en part à la place, pour ainsi dire, qu'il avait choisie, et cette place était le cœur. Le comte avait voulu se suicider d'une autre main que la sienne. Voilà la fin de l'histoire du comte de B… et des amours de sa femme avec un jeune officier hongrois.

— Cette fin, dit Balzac, un peu étonné, assez ému de la grande simplicité de cette histoire (je m'en aperçus malgré sa sobriété ordinaire à l'endroit de l'éloge), et qui pensait aussi combien elle se passait de la grâce, souvent si parasite, si fastidieuse, des détails ; cette fin, dit-il, ne me contente pas autant que le reste ; il lui manque… il faudrait… j'aurais désiré que… enfin, si le comte ne savait rien de la mort foudroyante de M. de Karls… arrivée chez lui, dans ses appartements, sur son divan, aux pieds de sa femme, et il ne lui était guère possible d'en savoir le premier mot, à moins que le préfet de police, vous ou Honorine, la femme de chambre, en eussiez indiscrètement parlé, je ne vois pas pourquoi… »

Vidocq, s'agitant et protestant d'abord de tous ses gestes, s'écria ensuite :

« Personne n'en a jamais parlé ! personne ! et, si je vous en parle aujourd'hui, j'en ai le droit ; si je vous en parle, c'est que les deux personnages les plus intéressés, les seuls intéressés à ce que le secret fût gardé, ne sont plus de ce monde depuis longtemps.

— Eh bien, alors, reprit Balzac, je dis que ce duel, ce suicide de la main d'un autre, ainsi que vous l'appelez, n'est pas assez justifié. Si je reprenais en sous-œuvre ce drame domestique pour le raconter à ma manière, je chercherais, j'inventerais, j'imaginerais une fin plus pleine, plus logique : non que je ne trouve pas le genre de mort choisi par le comte d'un caractère possible, vrai, très-vrai dans son originalité ; mais, encore une fois, — et j'en reviens toujours là, — le comte, pour un si grand désespoir, ignore trop ce qui s'est passé chez lui. Vous voyez donc, dit Balzac, s'interrompant lui-même, que votre histoire n'est pas encore la pêche philosophale que vous prétendiez m'apporter, que vous supposez exister, une histoire toute faite et qu'il n'y a qu'à cueillir et manger.

— Dame ! reprit Vidocq, un peu confus du ton triomphal de Balzac, si ma pêche n'est pas ronde comme vous la désireriez, elle n'est pas bien loin non plus de l'être. Si je vous l'ai débitée et détaillée à ma façon ce n'est pas tout à fait, croyez-le bien, pour vous donner une leçon de littérature. L'idée m'est venue plus modestement que ça ; la chose s'est passée autrement dans mon esprit. Une petite explication, je le vois, n'est pas de trop. Pour me rendre ici, j'ai pris dans la rue Monthabor, où j'avais affaire, une voiture de place. En y montant, qu'ai-je reconnu dans le cocher ?

— Votre cocher du Pont-Neuf ?

— Lui-même, mon cher monsieur de Balzac.

— C'est étrange.

— Mais non ! les cochers passent rarement colonels. Ils meurent cochers. Le mien, par exemple, est un peu vieilli. Sa vue a éveillé mes souvenirs et tous les faits enfouis sous ces souvenirs. Ils sont partis comme une volée de pies cachées dans les avoines, et tout ça s'est mis à parler, à crier, à jacasser sous le plafond de mon cerveau. Bon ! me suis-je dit, il faudra que je m'amuse à dérouler ce morceau de mon passé à M. de Balzac. Il verra s'il y a quelque parti à en tirer.

— Vous dites, reprit Balzac, sans avoir entendu un seul mot des dernières phrases de Vidocq, que ce cocher vous a conduit ici ?

— Oui.

— Et vous n'avez pas pris son numéro ?

— Pourquoi l'aurais-je pris ?

— Ah ! vous êtes un grand…

— Un grand quoi ?…

— Tout ce qu'il vous plaira.

— Pourquoi aurais-je pris son numéro ?… j'ai gardé le fiacre.

— Vous l'avez gardé ?

— Oui, il doit me ramener à Paris.

— Il est donc dans la rue Basse ?

— À votre porte.

— Obligez-moi, je vous prie, dit Balzac à madame X…, de descendre et de dire à ce cocher de venir ici ; j'ai à lui parler. »

Et Balzac, après s'être passé la main dans les cheveux sans les rendre plus droits, et avoir fait tourbillonner en l'air sa serviette, grand signe de joie chez lui, se disposa à recevoir dignement le cocher. Il rassembla tous les verres qu'il trouva à sa portée et les remplit jusqu'au bord de vin et de liqueurs.

Nous entendîmes des sabots de bois résonner dans le double système d'escaliers, échelle descendante, échelle montante, qui conduisait à son logement.

« Ne lui dites pas que je suis Vidocq, dit Vidocq à Balzac ; ça l'intimiderait.

— Et vous, ne lui dites pas que je suis Balzac, il pourrait le redire, et il est inutile qu'on sache le bâton de perroquet où je perche. »

Le cocher entra. C'était un cocher comme tous les cochers de quarante-cinq à cinquante ans : front ridé par le grand air, nez rouge ponceau, bouche déformée par la pipe, cheveux roux grisonnants, épaules voûtées.

« Buvez ceci à votre santé, mon brave homme, lui dit Balzac. Il fait chaud, et il y a longtemps que vous êtes sur vos boulets. »

Après avoir décrit un geste rond qui ramena le verre à sa destination naturelle, le cocher dit, au moment de boire :

« Ce n'est pas de refus. Il fait soif aujourd'hui.

— Je ne me trompe pas, dit Vidocq, après cinq ou six autres santés bues par le cocher : c'est bien vous que j'ai pris l'autre soir sur le Pont-Neuf ? »

Le cocher releva son nez rouge.

« Quelle autre nuit ?

— Vous ne vous souvenez donc pas.

— Non… l'autre nuit ?…

— Nous étions trois qui chantions ?

— Quand ça ? Je ramasse tant de gens qui chantent.

— Il y a dix ou douze ans, répondit Vidocq.

— Vous appelez cela l'autre nuit ?

— Un peu plus, un peu moins. Mais vous allez vous rappeler… je vais vous mettre sur la voie.

— J'aurai du mal. Je ne me souviens pas tant seulement de dix jours.

— Nous vous arrêtâmes devant la statue d'Henri IV.

— Ça m'est arrivé cent mille fois d'avoir chargé où que vous dites.

— Il était quatre heures du matin : y êtes-vous maintenant ?

— Ça ne me dit rien du tout.

— Buvez encore ceci, mon brave homme, dit Balzac au cocher ; c'est de la grande chartreuse.

— Je me suis laissé dire que c'était du cognac fait par des archevêques. À votre bonne santé !

— Merci. »

Vidocq reprit :

« Nous vous mîmes cent sous dans la main.

— Ceci est plus rare. C'est égal, j'ai oublié ! Depuis dix ans !…

— La personne qui monta allait rue Saint-Florentin.

— Rue Saint-Florentin !… »

Le cocher eut comme un éblouissement en entendant nommer cette rue.

« Oui, rue Saint-Florentin… un grand hôtel… Vous eûtes une surprise en ouvrant la portière. »

Un second éblouissement, plus vif que le premier, passa sur les yeux du cocher.

« Que trouvâtes-vous au lieu du voyageur qui était monté ou presque monté au Pont-Neuf ?

— Eh bien, un mort ! C'est ça que vous voulez me faire dire ? C'est pas déjà si curieux. Mais c'est peut-être vous qui m'aviez donné ce beau cadeau ? »

Vidocq se mit à rire.

Le cocher allait se mettre en colère. Vidocq le regarda tranquillement entre les deux yeux. Il devint doux comme les lions de Martin quand ce fameux dompteur les regardait.

« Alors, puisque c'est vous, reprit le cocher, puisque le mort vous appartenait… vous me devez quarante sous.

— Comment je te dois quarante sous ? je t'avais donné cinq francs pour ta course.

— Je ne dis pas non ; mais le déménagement du monsieur pour le transporter de la voiture dans sa chambre, et les questions qui ne finissaient pas, et tout le reste. La cérémonie a pris plus d'une heure, et j'étais à la course, pas à l'heure.

— Que ne te faisais-tu donner ces quarante sous à l'hôtel ?

— Ah bien oui ! les domestiques des grands hôtels, qui sont tous de grands voleurs, n'ont jamais voulu me les donner. Mais alors, moi, qu'est-ce que j'ai fait ? Je suis allé rue Bellechasse. »

L'éblouissement du cocher nous frappa à notre tour ; et tous les quatre qui écoutions, nous nous écriâmes :

« Rue Bellechasse !

— Oui, chez une comtesse de…, chez une duchesse de…, ma foi ! je ne sais plus son nom.

— Et pourquoi allais-tu là ? qui t'avait dit ?…

— Ah ! voilà ! j'avais trouvé un tout petit portefeuille en cuir doré dans mon fiacre, le matin que j'avais mené le défunt rue Saint-Florentin. Ce portefeuille ne pouvait être qu'à lui. »

Nous nous regardâmes avec terreur à cet étrange passage du récit indigeste du cocher dont toute la mémoire était revenue.

« Et qu'y avait-il dans ce portefeuille ? demanda Balzac, qui tenait son loup par les deux oreilles et qui ne le lâchait plus.

— Une lettre adressée à cette comtesse ou duchesse, rue Bellechasse. Voilà tout ce qu'il y avait : oh ! pas de billets de banque, je les aurais rendus. Je vous disais que je tenais à mes quarante sous. J'allai donc à cet hôtel, et je remis la lettre à un monsieur et à une dame qui allaient monter en voiture. Le monsieur, un bel homme avec des croix à en revendre et des cheveux blancs, prit la lettre : moi je lui dis : « C'est quarante sous. » Il lut la lettre ; il devint blanc comme le papier. Ensuite, il dit au valet de pied de me compter quarante sous. Le valet me mit dans la main une pièce de deux francs.

— Eh bien, l'histoire est complète maintenant, dit Balzac. Cette lettre apprit au mari que M. de Karls… était l'amant de sa femme. La scène au théâtre de Trieste lui confirma que le monde était instruit de son malheur ; et ceci le décida à se faire tuer. L'histoire est donc complète.

— Mais non ! mais non ! elle n'est pas complète, dit le cocher, s'imaginant qu'on prenait un grand intérêt à lui : je retournai trois fois encore à l'hôtel de la rue Bellechasse pour réclamer ; mais plus personne !

— Mais réclamer quoi ?

— Comment quoi ?

— Tu avais été payé.

— La pièce de quarante sous était fausse. »

FIN

1. ↑ Voir Balzac en pantoufles.
2. ↑ C'est toujours aux dernières répétitions que le chef de claque, placé avec ses lieutenants au centre obscur et silencieux du parterre, arrête avec eux les endroits de la pièce où leurs applaudissements provocateurs doivent se produire et éclater.
3. ↑ Hippolyte Lucas, 21 mars 1842.
4. ↑ Nous ne discuterons pas avec M. Hippolyte Lucas sur le choix plus ou moins sévère de toutes ces locutions ; il est plus que probable, d'ailleurs, que nous ne serions pas d'accord avec lui. Nous nous bornerons à lui

faire observer que cette phrase : *J'irai le voir donner la bénédiction par les pieds*, n'est pas une extravagance de langage aussi criante qu'il le suppose : c'est un vieux proverbe français dont voici le texte entier : *C'est un évêque des champs ; il donne la bénédiction avec les pieds*. On le trouve dans Rabelais et dans les meilleurs écrivains du seizième siècle.

5. ↑ Paris n'était divisé alors qu'en douze arrondissements.
6. ↑ Balzac ne tira ni un drame ni un poëme de cette visite à Montfaucon, mais il s'en souvint avec profit plus tard pour écrire un de ses plus jolis contes drolatiques : *Le Prosne du joyeulx curé de Meudon*. Diane de Poitiers, sous la figure d'une souris, est racontée et dépeinte avec un esprit charmant, dans ce morceau délicieux où Henri II est représenté sous celle d'un trop voluptueux musaraigne.